# 音楽家の食卓

バッハ、ベートーヴェン、ブラームス…
11人のクラシック作曲家ゆかりのレシピとエピソード

野田浩資

誠文堂新光社

# はじめに

クラシック音楽を樹立させた音楽家達が旅した時代、ヨーロッパには新しい食文化が芽生え始めます。アメリカ大陸から渡来したじゃがいもと、アフリカはエチオピアからイスラム諸国を経由して運ばれたコーヒーは、その新しい食文化に大きく影響しました。

バッハが「コーヒーカンタータ」を作曲した当時、まだコーヒーは一般的にはなかなか手に入るものではなかったのですが、彼が活躍していたライプツィヒの町では、ドイツのなかでいち早く飲まれていました。そんな背景があってこそ、この新しい飲物に魅了されたバッハは、この曲を生んだのでしょう。

また、コーヒーが大好きで毎日何杯も飲んでいたというベートーヴェン。少年時代の思い出からコーヒーが好きになったのではないかと思われるエピソードなど、音楽家たちの足跡をたどりながら各地の郷土料理を取り上げ、紹介します。

多くの音楽家達は、子供時代の食生活は豊かではありませんでした。しかし、生まれた時から裕福であったメンデルスゾーン、6歳からイタリアを始めドイツ、フランスなどあちこちを旅し、自分の音楽活動の場所を求めたモーツァルトなど、人それぞれ違った人生を歩んでいます。

母親によって作られた家庭の食事、旅で出会った食べ物、貴族の招待で出会った豪華な食事。音楽家それぞれの人生から、さまざまな食べ物や料理が垣間見えます。彼らが食したであろう料理の数々を、エピソードを通して、音楽家達の生活を探る一冊としてご覧いただけたらうれしく思います。

野田浩資

バッハとゆかりの深いライプツィヒの聖トーマス教会内部。教会附属の聖トーマス教会合唱団で、27年間指揮者を務めました。現在は内装もオルガンも改修されています。写真：S-kay

## ライプツィガー アラライ（Leipziger Alerlei）
### ライプツィヒの野菜料理

＊レシピは37ページ

バッハが30年近く暮らしたライプツィヒ。この地域は海がないので川エビが料理によく使われていました。この料理はエビを殻ごとバターでよく炒めて、風味をつけています。バッハはこの野菜料理がとても好きで、付け合せにしてよく食べていました。当時の音楽家のなかでは65歳と長生きだったのは、野菜を好んでいたからかもしれません。

多くの音楽家が集まったウィーンの象徴的存在、聖シュテファン教会。1782年、モーツァルトはコンスタンツェとこの教会で結婚式を挙げました。そして、葬儀が行われたのもこの教会でした。

## ウィンナーシュニッツェル（Wienerschnitzel）
## 仔牛肉の薄切りウィーン風　＊レシピは76ページ

ウィーンの名物料理。この料理は、ミラノのカツレツ「コトレッタ・アラ・ミラネーゼ」が元祖。1848年、当時オーストリア帝国領だったミラノで起きた3月革命の鎮圧に遠征した、ヨハン・ラデツキー伯爵がミラノ風カツレツを気に入り、オーストリア宮廷で作らせたといわれています。モーツァルトはミラノで元祖のカツレツを食べています。

ボンのベートーヴェンの生家。ウィーンに拠点を移す22歳までを過ごしました。現在はベートーヴェン・ハウスとして博物館になっています。2020年はベートーヴェン生誕250年です。
© GNTB

ライニシャー ザワーブラーテン（Rheinischer Sauerbraten）
牛肉の蒸し煮 ライン河風　＊レシピは106ページ

ベートーヴェンの出身地、ボン周辺の郷土料理です。ビネガーでマリネした肉をじっくりと煮込みます。ベートーヴェンはボンで過ごした青春時代の思い出を生涯大切にしていました。コーヒー好きになったのもボン。晩年を過ごしたウィーンでは引っ越しを繰り返していましたが、コーヒーを愛した生活は変わりませんでした。

# 音楽家の食卓

目次

## 18～19世紀の旅の在り方

この時代の音楽家たちは郵便馬車を使い、ヨーロッパのあちこちから乗り換えながら何日もかけ、2つの都市、ウィーンとライプツィヒに集中しました。なぜ彼らはこの都市に注目したのでしょうか。

ウィーンはハプスブルクの首都として栄え、１６００年頃にはハプスブルク三大作曲王として知られるフェルディナント3世を始め、その息子のレオポルト1世、孫のヨーゼフ1世の皇帝たちが宗教音楽などを作曲しています。また貴族たちも音楽に対して想像以上に力を入れていました。隣の国、ハンガリーの音楽好きの貴族たちもウィーンの町に集まり、たくさんの花が咲き、音楽を受け入れる土壌があったのです。

もうひとつの町はライプツィヒです。大都市でもない町でしたが、ここには多くの文化人が住んでいました。リストがライプツィヒに来た時「ここには伯爵夫人もいなければ王女もいない」と言ったことに対し、シューマンは「この町の貴族は１５０軒の書店と50軒の印刷所、30の定期刊行物だ」と答えました。事実、当時ヨーロッパで一番多くの出版社と印刷所がありました。音楽家達は自分の作った曲を出版してもらえないか、買ってもらえないかと集まってきたのです。

また、ライプツィヒの市民階級が１７４３年に世界最古のゲヴァントハウス管弦楽団を設立しました。それも、音楽家たちが興味を示した理由と推測されます。１８００年頃まで、音楽は王侯貴族の社交のためのものでした。そんな時代、誰でもお金を払えばゲヴァントハウスでオーケストラ音楽を聴くことができるようになりました。当時この設立は画期的なできごとでした。

そして、19世紀に入り、大きく変わったことがあります。

バッハからシューベルトまでの時代は、郵便馬車に揺られながら乗り継ぎをし、時間をかけて旅をしました。メンデルスゾーンとショパンの時代は汽車が発達し始め、ワーグナーの時代にはかなりの地域を汽車が走るようになります。もちろんヨーロッパ中を網羅しているわけではありませんが、時間のかかり具合、人間の疲れ具合は全く変わってきました。

病気で弱りかけていた75歳にもなったリストがベネツィア、ブタペスト、ウィーン、パリ、ロンドンへ、そしてルクセンブルクからバイロイトまでを一年足らずで行けたのは、機関車があったからです。

1835年には、初めて南ドイツ内を全長8kmの短い距離ですが、機関車が開通しました。1837年には、パリ周辺で開通。それからの10年で、ドイツ国内2000kmにも及んで開通。その10年後の1855年には8000kmと、大都市には機関車で行ける時代が到来しました。

バッハやモーツァルト、ベートーヴェンなどは、そんな乗り物ができるとは想像もしていたなったことでしょう。乗り心地の悪い馬車での旅は、想像を絶するような厳しい旅だったと推測されます。

現代とは全く違った旅の在り方、滞在する町や村で出会った料理など想像すれば限りがありません。そんなことを思い浮かべながら、お読みいただけたら嬉しく思います。

1939年にベルリンで発行された切手。1700年代の郵便馬車が描かれている。

《アムステルダムーヘント間を走っていた郵便馬車の木製模型》1800 - 1850年、アムステルダム国立美術館蔵

## 本書に登場する主な都市

ベルリン
ポツダム
マクデブルク
ケーテン
ライプツィヒ
ドレスデン
イマール
ワルシャワ
ポーランド
ティプリツェ
カルロヴィ・ヴァリ
プラハ
イロイト
チェコ
スロバキア
ドナウ川
ウィーン
ブラチスラヴァ
ミュンヘン
ローラウ
ザルツブルク
アイゼンシュタット
ショプロン
イシュル
ライディング
フェルテード
ブダペスト
オーストリア
ハンガリー
ェネツィア

リューベック
ハンブルク
リューネブル
アムステルダム
オランダ
ドイツ
デュッセルドルフ
アントワープ
ケルン
アイゼナハ
アルンシュタット
ボン
ブリュッセル
ベルギー
コブレンツ
フランクフルト
マインツ
マンハイム
カールスルーエ
シュトゥットガルト
パリ
ライン川
アウグスブルク
フランス
ボーデン
チューリッヒ
ディジョン
ルツェルン
ベルン
スイス
リヨン
ミラノ
イタリア

後世の作曲家に影響を与えた「音楽の父」

# ヨハン・セバスティアン・バッハ

# *Johann Sebastian Bach*

1685年3月31日ドイツ・アイゼナハ生まれ
1750年7月28日ドイツ・ライプツィヒで没

---

音楽家の家系に生まれるが、10歳のときに両親を失い、長兄のヨハン・クリストフ・バッハ(名オルガン奏者、作曲家パッヘルベルの弟子)に引き取られ、鍵盤楽器の手ほどきを受ける。その後、1703年に18歳でアルンシュタットの教会オルガン奏者に就任、1708年にヴァイマール、1717年にケーテン、1723年にライプツィヒと移り住み、各地で教会や宮廷の楽師長の職につきながら、演奏、作曲、指導に励んだ。敬《けい》虔《けん》なキリスト教徒でもあった。

伝統的な音楽語法を集大成すると同時に、真の独創性により次代を導き、後の作曲家たちに大きな影響を与えたクラシック音楽の父、ヨハン・セバスティアン・バッハ。音楽の後進国であったドイツのプロテスタント音楽に、イタリアやフランスの音楽を取り入れ、新しいドイツ音楽を確立しましたが、バッハの曲が知れ渡るのは没後50年以上、１８００年以降のことでした。楽譜がコレクターにより出版され、１８２９年にメンデルスゾーンが、１００年も人々から忘れ去られていたバッハの「マタイ受難曲」をベルリン・ジングアカデミーで演奏します。

この日は音楽史上記念すべき日となり、19世紀におけるバッハの再評価と重要性を決定づけました。その12年後には、バッハのゆかりの地ライプツィヒの聖トーマス教会で、またもメンデルスゾーンにより再演され、バッハ熱が盛り上がります。初期ロマン派の代表的な詩人ティーク(1)はこんなことを言っています。

「いまや私は、偉大なるセバスティアン・バッハの驚くべき精霊を知った。もしかしたらそれに続く時代に発展した音楽の全てが、彼の作品に宿っていたのかもしれない。彼は全てを知り、全てをなしえた」

ドイツの田舎町の一職人であったセバスティアン・バッハが、世界に知られる大作曲家となる道のりは長いものでした。

## 裕福ではなかったが音楽に囲まれた子供時代

セバスティアンは１６８５年3月31日、テューリンゲンの森の小さな町アイゼナハで生まれました。住まいから近くの聖ゲオルグ教会で洗礼を受けています。この町には、19世紀に建てられた南のノイシュヴァンシュタイン城、そして11世紀に建てられ、１９９９年にユネスコ世

(1)ルートヴィヒ・ティーク（１７７３〜１８５３年）ドイツのロマン主義を代表する作家・詩人。

界遺産に登録された東のヴァルトブルク城があることでも有名です。

　このヴァルトブルク城には「歌合戦の間（2）」があり、中世において年に一度「我こそはヨーロッパ一の歌い手だ」と各地から抒情詩人や宮廷詩人が訪れたことで知られています。

　バッハ家の祖先はパン焼きの職人で、バッハという名はパンを焼くバッケン（Backen）に由来するようです。セバスティアンの父親は町の楽師でしたが、演奏家ではなく、市民に時間を知らせるために、市庁舎の上の部屋から決まった時間にラッパを吹く仕事をしていました。父には一つ特技がありました。それはビール造りの権利を持ち、自宅でビールの醸造をしていたのです。セバスティアンも大のビール好きで、子供の頃から飲んでいたといいます。当時ドイツでは、飲み水が悪かったせいもあってビールは安全な飲物とされ、子供も飲まされていたのです。もちろん、大人になったセバスティアンは、ビールやワインを底がないほど飲んでいました。

　セバスティアンは、音楽家の親類も多く、またヴァルトブルク城が音楽家の集まる城でもあることから、音楽に囲まれて育ちました。家庭はそれほど裕福ではなく、食事は慎ましく一日に二回でした。朝食は、ライ麦パンにラードを塗ったもの、夕食は野菜のスープに硬くなったライ麦パンを入れたもの。ソーセージや肉がたまに入っていました。ただ、自宅で造っていたビールは毎日飲むことができました。

　セバスティアンは小さい頃からヴァイオリンとオルガンの演奏に才能を現していました。子供時代、8人兄弟の4人もが病気などでこの世を去っています。その悲しい経験が彼の作曲に影響を与えてもいます。

　日曜日には、家から歩いてすぐの、洗礼を受けた聖ゲオルグ教会で、父がヴァイオリンを弾

（2）歌合戦の間
「歌合戦の間」と呼ばれる広間には、豪華な装飾の舞台があり、各地から吟遊詩人などが集まって、王の前で詩と歌声を披露していた。ワーグナーの名曲「タンホイザー」は、この歌合戦の間と実在したとされる吟遊詩人タンホイザーの伝説を絡めたオペラ。

歌合戦の間に飾られている、1206年の歌合戦の様子が描かれたモーリッツ・フォン・シュヴィントによるフレスコ画。1855年

アイゼナハの街並み。右側の建物はマルティン・ルター（1483〜1546年）が下宿していた家「ルターハウス」。著者撮影

アイゼナハにある生家は、バッハ・ハウスとなっている。直筆の楽譜や17〜18世紀の楽器など多くの関連品が展示されている。
著者撮影

アイゼナハのヴァルトブルク城。ルターが聖書をドイツ語に翻訳した場所としても知られている。1999年に世界遺産に登録された
© GNTB / Christof Herdt

き、兄のクリストフがオルガンを、そして幼いセバスティアンが美しく澄んだソプラノで歌う、そんな幸せな家族でした。しかし不幸は突然やってきます。

セバスティアンが九歳の時に母が亡くなり、次の年には父もこの世を去り、途方にくれる4人の兄弟でした。セバスティアンは兄ヤーコプとともに、オルガニストとして自立していた長兄のクリストフに引き取られます。セバスティアンはクリストフからイタリアやフランス音楽について、沢山のことを学びます。セバスティアンの才能に驚いた兄は嫉妬し、「お前にはまだこんな曲早すぎる」と、写した曲を取り上げてしまうこともありました。それでも兄に対する感謝の気持は変わらず19歳の時には「カプリッチョ　変ロ長調　ヨハン・クリストフをたたえて」というクラヴィーア（チェンバロ）の曲を捧げています。

## 塩漬けのニシンに救われた青年時代

セバスティアンは、15歳の時、友人とともにアイゼナハから350キロも離れた町リューネブルクまで歩いて行き、聖ミカエル教会の聖歌隊員になり給料をもらいながら独り立ちします。努力家であった彼はその給与で音楽を学ぶために、当時有名であった作曲家でオルガニストのヨハン・アダム・ラインケン（3）の指導を受けるため、30キロほど離れたハンブルクまで通っていました。

ある日のこと、レッスンも終わり、ポケットを探るとお金がほとんどないことに気づきます。これではリューネブルクへ帰ることもできず、おなかもペコペコ。途方に暮れていると、すぐ後ろの家の窓が開きました。振り返ると、ニシンが頭ごとごみの山に放り込まれたのです。それを見たセバスティアン、急いで駆け寄り、塩漬けになったニシンを拾い上げ、食べ始めたと

（3）ヨハン・アダム・ラインケン
（1643〜1722年）
ハンブルクで活躍したオランダ人の作曲家。北ドイツ・オルガン楽派の隆盛を築き、セバスチャンが最も影響を受けたオルガニスト。

塩の採掘で栄えた街リューネブルク。街を流れる運河を利用してかつてはリューベックまで塩を輸送していた。
著者撮影

リューネブルクにはレンガ造りの中世の街並みがいまも残されていて、タイムスリップしたような雰囲気。著者撮影

ころで、魚の頭にお金が隠されているのを発見します。そのお金でリューネブルクの自宅に無事に帰ることができました。かわいそうと思った誰かが援助してくれたのでしょう。その時のニシンのおいしさとお金のありがたさは、セバスティアンにとって一生涯忘れることのできない思い出となりました。

当時、ハンブルク港に水揚げされたニシンはすぐに塩漬けにされました。その塩はリューネブルクの町で採掘されていました。中世のハンザ都市として発達したリューネブルクは、塩を輸出することによって裕福になりました。現在、塩の採掘場は昔のまま博物館となり、当時の採掘風景が再現されています。塩の博物館は南のバイエルン州、バード・ライヘンハルにもあります。南のそこは広く明るい採掘場でしたが、リューネブルクのそれは見学していて、わびしさがこみあげてくるような場所でした。採掘する労働者は東欧から連れて来られ、一日中狭い洞窟の中での採掘作業に、ほとんどの労働者が若くして死んでいったと聞きます。

セバスティアンは、20歳でワイマール公の弟の小さな宮廷で、3か月だけの契約で従僕を兼ねたヴァイオリニストとなります。そこにはドイツのヴァイオリニストの大家、フォン・ヴェストホフ(4)がいたからでした。彼からは、後々作曲する「無伴奏ヴァイオリン曲」の基礎を教わっています。その後、アルンシュタットの小さな教会に移りますが、そこではあまり上手くもない演奏家や歌手たちへの指導が待ち受けていました。必死に教えるセバスティアンに対し、教わる側の演奏家の中には無礼な行為をする者もいました。教会から帰る途中のセバスティアンに、ステッキを持って襲い掛かってきたのです。セバスティアンは負けじと持っていた剣を抜きました。運よく通行人が止めに入り、流血騒ぎにはなりませんでした。この教会の

(4)ヨハン・パウル・フォン・ヴェストホフ
(1656~1705年)
ヴァイオリンの名手。1674年~ドレスデン宮廷楽団員としてヨーロッパ中を演奏し、1699年にワイマール宮廷楽団音楽監督を務める。

アルンシュタットのバッハ教会。バッハがオルガン奏者として仕事を始めた教会。撮影：Andreas Praefcke

聖マリエン教会にはバッハとブクステフーデとの出会いを記したレリーフがある。著者撮影

リューベックの聖マリエン教会。1250年から1350年にかけて建造されたゴシック様式の教会で世界最大級のパイプオルガンがあることで知られている。1987年に旧市街の市庁舎やホルステン門とともに世界遺産に登録された。

演奏をより良いものにしようと常日頃考えていたのでしたが、なかなか思うようにはなりませんでした。現在この教会はアルンシュタットのバッハ教会と呼ばれています。

## リューベックでの音楽会と初の縁談話

ある時、リューベックにある聖マリエン教会で「夕べの音楽会」なるものが催されていることを知り、セバスティアンは、アルンシュタットからリューベックまで歩いて行きます。なんと300キロを超す遠い道のりでした。ドイツ中期バロック音楽を代表するディートリヒ・ブクステフーデ（5）によるその音楽会は、想像をはるかに超えた素晴らしいもので、大きな収穫を得ます。そして、セバスティアンを気に入ったブクステフーデは、「私の娘と結婚して、後を継いでほしい」と言います。30歳になるその娘とセバスティアンは、あまりにも歳が離れていました。結婚なんて考えたこともなかったセバスティアンは、恥ずかしさを抑えきれず、「僕はまだ20歳、結婚なんて早いですよ」と返事をした様子が教会内の石像に描かれています。このブクステフーデは、その前にも、早く娘の結婚を決めたいとの気持ちから、ヘンデルなど他の音楽家にも同じことを言っていたようです。

このリューベックの町は、マジパンが初めて作られたことでも知られています。1407年に食糧飢饉があり、パン職人の倉庫に大量にあったアーモンドの粉を何とか食べられるように工夫して、マジパンができ上がりました。それにチョコをコーティングしたり、着色料を加えて果物に似せたりと、今では色とりどりのマジパン菓子が、現存する老舗ニーダーエッガー（6）に並べられています。セバスティアンもこのお菓子を口にしていたことでしょう。

また港町であることから、魚料理も豊富です。カレイやエビ、スモークされたサーモンやサ

（5）ディートリヒ・ブクステフーデ
（1637〜1707年）
17世紀の北ドイツを代表する作曲家。オルガン楽派でドイツ最大の巨匠。

（6）ニーダーエッガー
リューベックの市庁舎前に本店がある、マジパンの名店。2階がカフェ、3階がマジパンミュージアムになっている。

バルト海に面したハンザ同盟都市リューベック。トラヴェ川とトラヴェ運河に囲まれた島には美しい旧市街がある。

ニーダーエッガーの名物、マジパンでアイシングされたケーキ。

リューベックでしか飲めないワイン、ロートシュポンの樽。著者撮影

バが食卓に出されていました。内陸部に育ったセバスティアンが海の魚を口にするのは、リューベックとハンブルクに来た時くらいでした。

また、リューベックは、この町にしかない赤ワイン、ロートシュポン（Rotspon）が有名です。この地域は寒すぎてブドウは実りません。そんな場所になぜ赤ワインがあったのでしょう。それにはこんな歴史があります。

リューネブルクで採掘された塩はリューベックまで運ばれ、そこから帆船に乗せられ、フランスのボルドーまで運ばれました。塩を積み下ろしたあと、船の安定を図るために二束三文のボルドーの赤ワインを樽ごと買い、船底に入れて持ち帰りました。飲まれることもなく、その樽は塩の倉庫に長い間置きっ放しにされていました。ある時、そのワインを飲んだ者がいて、その味わいにびっくり、すごくおいしいではありませんか。ワインの熟成に塩の香りと倉庫の温度がうまくマッチしたのでしょう。「これなら売れる」と、樽から瓶詰めにし「ロートシュポン」と名付けました。ロートは赤、シュポンは当時の言葉で樽という意味です。現在でも、ボルドーから樽でリューベックまで運ばれ、一定期間保存されてから瓶詰めし、昔ながらのエチケットを貼り、レストランなどで飲まれています。シャトーもののワインのように高級なものではありませんが、この町に来なければ飲めない貴重なワインです。

## 二度の結婚。そしてケーテンからライプツィヒへ

セバスティアンは、22歳でマリア・バルバラと結婚します。その年にはミュールハウゼンの聖ブラジウス教会のオルガニストに就任します。

その後、ワイマールの宮廷楽師長に就任したり、他の町々の教会に移ったりしましたが、ケ

ーテンの宮廷楽長に落ち着きます。君主レオポルト公に気に入られたセバスティアン、この町で「ブランデンブルク協奏曲」や「無伴奏チェロ組曲」などを作曲します。35歳の時、レオポルト公とともに、温泉のある保養地でヨーロッパで人気の高いチェコのカルロヴィ・ヴァリに旅行し滞在します。その旅の途中、妻のマリアが病死したことを知らされます。悲しみを胸に帰宅しますが、その一年後にはこの町の宮廷音楽家の娘で優れたソプラノ歌手、20歳のアンナ・マグダレーナと再婚します。セバスティアンには3人の子供がいましたが、アンナはその子たちを育てながら、次々と13人の子供を産みます。精力的なセバスティアンでもありました。

38歳の時にはライプツィヒの聖トーマス教会のカントルに就任します。この町は出版社や印刷会社が多くあり比較的裕福な町でもありました。セバスティアンは、この教会で300ものカンタータを作曲しました。

40歳の時には再婚した妻、アンナのために「クラヴィーア小曲集」を書き、このような詩が添えられました。

「おまえといると、私は喜びに満たされる。天に召されて永遠の休息につく時も、私は怖くないだろう。きみの美しい声を聴き、きみの優しい手で目を閉じてもらえるのだから」。セバスティアンの優しさがしみじみと感じられます。

49歳の時には聖トーマス教会合唱長として多くの宗教音楽を、またその合間に今日でも重要なレパートリーとなっているクラシック音楽を作曲していました。その頃に作られた曲「イタリア協奏曲」は、当時の音楽の中心地イタリアの音楽様式を取り入れたことから、曲名は彼自身が名づけました。当時イタリアでは、ヴァイオリンの名器ストラデイヴァリウスなど、楽器の製作が盛んで、ヴィヴァルディを始め多くの作曲家が器楽合奏の作曲をしていました。ある時、偶然出会ったヴィヴァルディの楽譜から、当時のイタリアの音楽様式を学んでいます。

## 「コーヒーカンタータ」、そして晩年のセバスティアン

ライプツィヒの町の中心地にあるカフェ、カフェ バウム（7）の常連でもあったセバスティアンは、その店で飲むコーヒーの異国漂う香りと今までに味わったことのない苦み、その醍醐味を曲にできないかと考えたのでしょうか。そのコーヒーをすすりながら「コーヒーカンタータ」を作曲しました。

カフェ バウムは、1720年創業のドイツ最古のカフェです。当時のコーヒーはエチオピアからエジプトへと渡り、イスラム世界からヨーロッパに普及しました。当時は王室や侯爵、伯爵などにしか手に入れることはできませんでしたが、ライプツィヒには王室などがなかったことと、経営者が多かったことから、早くから一般市民の飲物として流行しました。

カフェ バウムは、多くの音楽家と切っても切り離せない存在の店に発展していきます。ゲーテやナポレオンなど歴史に名を残した多くの人々も訪れました。1800年には料理も提供されるようになり、現在でもカフェレストランとして経営されています。

1749年には最後の大作となった「ロ短調ミサ曲」を完成させますが、セバスティアンの目はほとんど見えなくなっており、健康状態も優れませんでした。次の年には、イギリスの医師ジョン・テイラーがライプツィヒを訪れ、セバスティアンのために目の手術をしますが、容態はますます悪化し、1750年7月28日、65歳でこの世を去ります。実はこの医師、曰くつきの医師で、これまで何人もの人を失明させていました。プロイセンでは国外追放に近い処分も受けていたのですが、それらの情報は知らされていなかったことから、セバスティアンはこ

（7）カフェ バウム
ドイツのコーヒー文化の発祥の地、ライプツィヒ最古のカフェ。芸術家が集い、サロンのような役割を果たしていた。248ページ参照

バッハがトーマスカントル(音楽監督)をつとめていたライプツィヒのトーマス教会。バッハがみずから演奏したオルガンが今でも残されており、毎週末に演奏会が開かれている。

バッハゆかりのトーマス教会にはバッハの銅像も建てられている。

の医師を信用してしまったのでしょう。

当時、セバスティアン・バッハという音楽家に注目する人は多くありませんでした。市民には、彼の曲を理解するのはまだ難しく、演奏会ではこんなことがありました。まだ第一部だというのに何人もの聴衆が途中で教会から出て行き、またある男は叫びました。「私にお金と時間を返せ」。

しかしながら、様々な音楽を取り入れながら発展した彼の音楽は、後世に多くの影響を与えました。現代においても新鮮さを失うことなく、ポップスやジャズに至るあらゆる分野の音楽にも応用されています。

## セバスティアンが出合ったドイツの味

セバスティアンの眠るライプツィヒのトーマス教会には「Es ist genug（満ち足りた人生）」と、亡くなる前に家族に残した言葉が記念碑に記されています。

洗礼を受けた聖ゲオルグ教会も、長い間、東ドイツ時代となり荒れ放題でしたが、東西統一と共に説教教会に改築され、現在ではギャラリーを備えた美しい教会に生まれ変わっています。

質素な食生活を送っていたセバスティアンでしたが、生涯忘れることのできないごちそうとの出合いもありました。1716年、ハレの町の聖母教会のオルガン修復後の試演に招かれたセバスティアンは、有名なオルガニスト、ヨハン・クーナウ(8)やクリスチャン・フリードリッヒ・ロレとともに接待され、こんな食事をしています。牛肉の煮込み、ヘヒト魚（川魚）のアンチョビバター、スモークハム、ソーセージのほうれんそう添え、仔牛肉のロースト、ゆでたカボチャなどたくさんのごちそうを味わっています。

(8)ヨハン・クーナウ
(1660〜1722年)

1684年から聖トーマス教会のオルガニストを務める。1701年より死去するまで同教会のカントルを務める。

バッハの肖像が描かれたトーマス教会のステンドグラス。

トーマス教会のバッハの墓。戦争で破壊されたヨハネス教会から1950年にここに移された。撮影：DerHHO

アイゼナハの中心部マルクトより、聖ゲオルグ教会の尖塔を臨む。著者撮影

大きな体に見えるセバスティアンですが、実際は痩せており、貫録あるように見せるために厚い服を二重に着るなどして裕福そうな身体に見せていたそうです。

子供の頃はテューリンゲンの森に囲まれたアイゼナハの町に住んでいたので、名物のソーセージ「テューリンガー ブラートヴルスト」が大好物でした。まだ、マスタードもケチャップもなかった時代、りんごを炒めた物が添えられました。ソーセージを焼くために使うのは、身近にあった松カサ。現在でも松カサで焼くソーセージは、チェコとの国境沿いの町コーブルクの名物料理として、昔風に屋台で焼かれています。

松カサでソーセージを焼いているところ。著者撮影

# Gebeizter Hering

## ゲバイツター ヘーリング

### ニシンのマリネ

バッハがハンブルクでお金もなく、おなかをすかしていた時に、窓から放られたニシンは塩漬けのままだったと察しますが、それをマリナードするとよりおいしくなります。北ドイツでは5月頃から夏にかけて新鮮なニシンを三枚に下ろし、生のまま玉ねぎと一緒に食べられます。

材料（4人分）

ニシン……4尾
塩……適量
A（マリナード）
　玉ねぎ、にんじん……各50g
　白ワイン……1カップ
　白ワインヴィネガー……1/2カップ
　月桂樹の葉……1枚
　たかの爪……1個
　粒こしょう（白・黒）……各5粒

B（サワークリームソース）
　サワークリーム……50g
　玉ねぎ（すりおろし）……20g
　りんご（薄くスライス）……1/2個分
　ピクルス（刻む）……20g
　塩、こしょう……適量

作り方

1. マリナードを作る。玉ねぎとにんじんは薄切りにし、Aのほかの材料と一緒に鍋に入れて火にかける。沸騰したら弱火にして15分煮る。冷めたら冷蔵庫で冷やす。
2. ニシンは3枚におろし、薄皮を取り除く。両面に塩を多めに振り、バットに並べて冷蔵庫で5時間寝かせる。
3. ニシンは、よく水洗いしてペーパータオルで水分をふき取り、再びバットなどに入れ、①をかけて、ラップをして一晩寝かせる。
4. ニシンの水分を軽く取り、皿に盛り付け、Bの材料をすべて混ぜたソースをかける。

# Thüringer Bratwurst
## テューリンガー ブラットヴルスト
### テューリンゲンの焼きソーセージ

自家製のビールにこのソーセージは家族みんなが大好きな料理のひとつでした。ライプツィヒで長期にわたり活躍していたバッハには最も懐かしい料理だったことでしょう。太くて長いのがこの地方のソーセージの特徴です。

材料（4人分）

| | |
|---|---|
| ソーセージ | 4本 |
| りんご | 2個 |
| レーズン | 適量 |
| 白ワイン | 100cc |
| レモン汁 | 適量 |
| サラダ油 | 適量 |

作り方

1. フライパンにサラダ油を入れ火にかけ、ソーセージを焼く。
2. りんごは厚さ5mmのイチョウ切りにし、小鍋に入れる。
3. レーズン、白ワイン、レモン汁を入れて火にかける。沸騰したら弱火にして、ソーセージを上にのせ、蓋をして約5分蒸す。
4. 皿に盛りつける。

〈ヒント〉 太いロースト用のソーセージをお使いください。りんごは大きさにもよりますが、約200gの紅玉で作りました。

# Leipziger Allerlei

## ライプツィガー アラライ

### ライプツィヒの野菜料理

長い間生活していたライプツィヒの町、この周辺は海がないので川エビでエビバターを作って、野菜を炒めていました。65歳まで生きた長命のバッハ、この野菜料理を好んで肉の付け合わせなどにし、野菜を多く食べていたからかもしれません。

材料（4人分）

| | |
|---|---|
| にんじん、カリフラワー、ブロッコリーなど | 各50g |
| グリーンピース | 100g |
| グリーンアスパラガス | 4本 |
| エビ（殻付き） | 8尾（一尾15〜20g） |
| バター | 40g |
| 水 | 1カップ |
| 砂糖 | 1つまみ |
| 塩、こしょう | 各適量 |

作り方

1. 野菜はそれぞれ食べやすい大きさにして、硬めにゆでる。
2. 鍋にバターを入れ、エビを殻ごと加え中火にかけ、香りをバターに移す。
3. エビの色が変わったら、①の野菜を加え、水と砂糖を入れ、沸騰したらふたをして弱火で10分煮る。
4. 塩、こしょうで味を調える。海老の殻は、皿に盛る時にむくと食べやすい。

〈ヒント〉 海の物がない地域の料理で、川に生息する川エビやザリガニを使うのがオリジナルですが、身近に手に入るお好みのエビをお使いください。季節により白アスパラガスがあれば、おすすめです。温野菜は、ほかの魚料理や肉料理の付け合わせにもぴったりです。

# Thüringer Schweinebraten

## テューリンガー シュワイネブラーテン

### ローストポーク テューリンゲン地方風

誕生日の時などに塊でローストする家庭料理です。バッハの小さいころの母の思い出料理だったかもしれません。

材料（4人分）

| | | |
|---|---|---|
| 豚肉（肩ロース塊） | | 640g |
| 塩、こしょう | | 各適量 |
| A | にんにく（つぶす） | 1片 |
| | キャラウェイシード、マジョラム | 各適量 |
| | オリーヴオイル | 適量 |
| 玉ねぎ | | 100g |
| にんじん | | 50g |
| セロリ | | 1/2本 |
| 水 | | カップ2 |
| コーンスターチ | | 小さじ1 |

作り方

1. 豚肉の両面に塩、こしょうをする。
2. ボウルにAを入れて混ぜ、①を入れて、よくまぶし、2〜3時間冷蔵庫で寝かせる。
3. 肉を取り出し、鍋で表面に焼き色を付ける。
4. フライパンで玉ねぎ、にんじん、セロリをぶつ切りにして加え軽く炒め、上に③の肉をのせ、180℃に熱したオーブンで10分焼く。
5. 水を加え、さらに30分焼き、肉に火をしっかりと通す。
6. 肉が焼き上がったら少し休ませ、適当な厚さに切り、皿に盛る。
7. 鍋の底に残った汁を手鍋に入れ火にかけ10分煮て網で漉し、塩、こしょうで味を調える。コーンスターチに少量の水を入れ溶かしたものを少しずつ加えとろみを付け、肉にかける。

〈ヒント〉　キャラウェイシードとマジョラムの風味が肉にしみこみ、独特の味を醸し出します。にんにくやスパイスは焦げやすいので、途中様子を見てアルミ箔でカバーしてください。

# Aprikosenkuchen

## アプリコーゼンクーヘン

### アプリコットのケーキ

日持ちのする素朴な焼き菓子は、ドイツの家庭でお母さんが作るケーキの代表的なものです。

材料（直径24cm型1台分）

| | | |
|---|---|---|
| アプリコット（缶詰） | | 1缶（400g） |
| 小麦粉 | | 200g |
| A | バター（室温に戻す） | 200g |
| | グラニュー糖 | 200g |
| | レモンの皮（すりおろし） | 1個分 |
| | バニラエッセンス | 数滴 |
| | 塩 | 1つまみ |
| 卵 | | 4個 |

作り方

1. アプリコットは水気を切る。小麦粉はふるいにかけ二等分に分けておく。
2. ボウルにAを入れ、泡立て器でよく混ぜる。
3. ②に卵を一個ずつ混ぜながら加える。
4. 1/2量の小麦粉を③に入れ、ゴムベラで混ぜる。残りの小麦粉を加え大きくサクッと混ぜ合わせる。
5. ケーキ型にクッキングシートをしき、④を流し、アプリコットをのせ、180℃に温めたオーブンで約35分焼く。

〈ヒント〉 生地を流し込む型は長方形や正方形のもの、お持ちのものをお使いください。生のアプリコットが出回る時期は、皮をむいて同様にお使いいただくと、より味わい深いケーキになります。

ハンガリー貴族に30年以上仕えた音楽人生

# フランツ・ヨーゼフ・ハイドン

# *Franz Joseph Haydn*

1732年3月31日　オーストリア・ローラウ生まれ
1809年5月31日　オーストリア・ウィーンで没

---

ハンガリーとの国境に近い、東部の小さな村ローラウに生まれたハイドン。子供のときに聴いた音楽には、ハンガリーやジプシーの民族音楽も混じっていた。8歳でウィーンのシュテファン大聖堂付属の聖歌隊に入隊。有名な「ウィーン少年合唱団」はこの聖歌隊の流れを汲んでいる。エステルハージ公爵家に仕えたハイドンは、アイゼンシュタットに長く暮らした。晩年はロンドンにも数回出かけるが、最期は愛した町、ウィーンで亡くなった。

古典音楽の父、交響曲の父と呼ばれるフランツ・ヨーゼフ・ハイドン。遊び心を持ち「告別」や「うかつ者」など、他の作曲家とは一線を画す曲を作った音楽家です。ヨハン・セバスチャン・バッハの息子エマニエル・バッハの影響を大きく受けました。

幼くして親元から離れ、ウィーン郊外のハインブルク・アン・デア・ドナウの親戚の家に預けられて英才教育を受けながらも、人生の前半は苦労が絶えませんでした。しかし中盤以降は思ったことができ、恵まれた人生を送ることができた幸運な作曲家でした。

## 貧しいながらも音楽教育を受けた幼年時代

ヨーゼフは、1732年3月31日、オーストリア東部の小さな村ローラウで生まれました。父は車大工をしており、母は結婚するまで宮廷料理人として働いていました。裕福ではありませんでしたが、音楽が大好きな両親で、幼い頃から音楽を聴きながら育ちました。食事も、料理人の母が工夫して、少ない食材でも美味しいスープなどを作ってくれました。

ヨーゼフの音楽的才能をいち早く見つけたのが、親戚で、学校の校長をしていたフランク先生です。ローラウから北東へ数十キロ離れたハインブルクの町に住んでいました。

5歳の時にフランク先生に預けられ、ハインブルクでの生活が始まり、音楽から一般教養まで幅広い教育を受けます。少年ヨーゼフにとって、ここでの生活で一番辛かったのは、母の美味しい料理を食べられないことでした。フランク先生の家の方が裕福で食材も多いのに、ヨーゼフの口には物足りなさが残ったようです。しかし、ハインブルクで受けた教育が自分の人生にいかに役立ったか、生涯を通じてフランク先生に感謝しています。

8歳の時には、ウィーンの聖シュテファン教会のボーイソプラノとしてウィーン少年聖歌隊に入り、ウィーンでの生活が始まります。それは10年も続きました。しかし生活は厳しく、美味しいウィーンの料理などはまったく口にすることもなく、家庭教師や演奏家としてあちこちで演奏しながら、やっと生活を支えている状態でした。

22歳の時には母が亡くなります。音楽家としてもなかなか安定しない日々が続きます。

27歳でモルツィン伯爵家のオーケストラの楽長として就任し、なんとか生活が安定し始めます。伯爵家のパーティでは、「タッフェルシュピッツ　牛肉のスープ煮」など、ウィーン料理を口にすることもできました。

## エステルハージ侯爵家の音楽家としての生活

28歳でマリア・アンナと結婚しますが、彼女は音楽に全く興味を示さず、楽しみにしていた子供もできませんでした。二人の仲はそれほど愛に恵まれてはいなかったようです。モルツィン伯爵に雇われたことで安心していたヨーゼフでしたが、そのモルツィン家も経済的に怪しくなり、この年に楽長としての契約は破棄されてしまいます。

翌年1761年、29歳の時にハンガリーの大富豪、エステルハージ侯爵家（1）の副楽長として雇われます。音楽に専念することができるようになり、やっと落ち着いた生活を手に入れました。仕事は、教会音楽、そして祝賀会や晩餐会などで演奏される曲作りも任され、ヨーゼフ自身がオルガンやヴァイオリンを演奏することもありました。エステルハージ侯爵は美食家としても有名な人物です。ヨーゼフは、晩餐会の見たこともない料理の数々に驚かされました。会が終わって、残った料理が調理場に戻されると、そこからおこぼれを頂戴するのが楽しみであったようです。当時、音楽家の身分は低く、招待客と席を共にすることは全くありませんで

（1）エステルハージ侯爵家　ハンガリーの大地主で実業家。一時はハプスブルク帝国最大の地主。多くの音楽家のパトロンとなっている。

ハイドンが生まれ育ったわらぶき屋根の家は、現在ハイドン博物館となっている。
撮影：Feliks4 2.

小さな村ローラウにあるハイドンの生家。
©オーストリア政府観光局／Markowitsch

施釉タイルの屋根が美しいシュテファン大聖堂。その正面には建築家ハンス・ホライン設計の現代建築ハース・ハウスが建つ　©オーストリア政府観光局／Georg Popp

シュテファン大聖堂内部。14世紀から15世紀にかけてゴシック様式に改築された。奥に見えるのはウィーンで最初につくられたバロック様式の祭壇。
著者撮影

した。
31歳の時に父が亡くなります。2人の弟は音楽家として自立。一人はザルツブルクの大司教の宮廷楽団のコンサートマスターに、もう一人はヨーゼフと同じエステルハージ宮廷楽団のテノール歌手となります。

ヨーゼフは34歳で楽団長に昇進し、オペラ音楽も手掛けるようになります。エステルハージ侯爵家を訪れる著名な人々、ハプスブルクの女帝マリア・テレジアなどを通じ、ヨーゼフの名声は高まるばかりでした。1773年、歓迎の曲として交響曲第48番「マリア・テレジア」を作曲し、マリア・テレジアが訪れた時を記念して演奏されました。その時の晩餐会は、目を見張るほどの豪華なものだったようです。「エステルハージ　ローストブラーテン（ビーフの蒸し煮　エステルハージ風）などの料理の数々、デザートはエステルハージ家の代表的なケーキ「エステルハージトルテ」などが並びました。

エステルハージ侯爵はアイゼンシュタット(2)に居城を持っており、そこでの演奏会を最も好んでいました。壁や天井に風景やエステルハージ家関係の人物像などが描かれたそのホールは、ハイドンホールと呼ばれ現在でも演奏会が開かれています。

エステルハージ侯爵は、自分で楽器も演奏するほど音楽好きでしたが、特に好んだ楽器のひとつが弦楽器のバリトン(3)です。管楽器のほうではなく、チェロに似た弦楽器です。18世紀末まで、主にオーストリア、ドイツで使われていました。ヨーゼフは侯爵のためにバリトンの曲を175曲も作曲しています。バリトンは演奏が難しく、最近はほとんど見られませんが、エステルハージ宮殿では現在もバリトン奏者がおり、特別な演奏会では聴くことができるよう

(2)アイゼンシュタット
元はハンガリー領だったが、1921年にオーストリア領になる。ウィーン中央駅からバスで約1時間20分。

(3)バリトン
弦楽器の古楽器。チェロと似た大きさで、7本、あるいは6本のガット弦が張られ、9本から24本の共鳴弦(主に12本)が張られている。

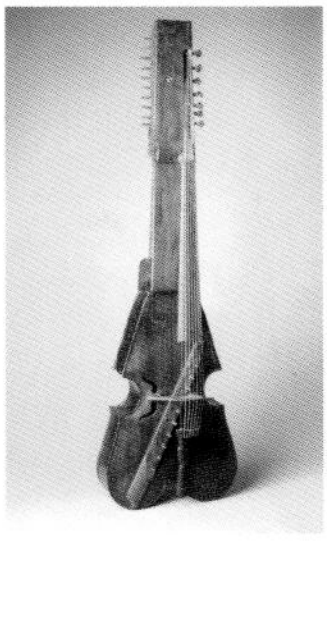
バリトン、1779年
メトロポリタン美術館蔵

アイゼンシュタットのエステルハージ宮殿
©オーストリア政府観光局／Andreas Hafenscher

エステルハージ宮殿の大広間ハイドン
ホールの大フレスコ画。現在はコンサー
トホールとして利用されている。

です。

## 演奏会で観客を巻き込むユニークな交響曲も

アイゼンシュタットから50キロほど離れたノイジードラ湖の対岸、フェルテードの町にエステルハージ家の夏の離宮があります。そこにも素晴らしいホールがあり、夏の間たびたび演奏会が開かれました。エステルハージ楽団の演奏家たちは、アイゼンシュタットやウィーンから集まり演奏をしました。

しかしそこでの演奏は、演奏家たちを困らせる要因がありました。アンコールなどで終演が遅くなってしまうと、アイゼンシュタットやウィーン行きの郵便馬車に乗れず、家に帰れなくなってしまうのです。ヨーゼフは何かいい方法はないかと考え、1772年にこんな曲を作りました。交響曲第45番「告別」です。

ゆっくりとしたテンポで始まるこの曲は、やがて途中で演奏をひとりやめ、またひとりやめと舞台から去っていきます。舞台上の演奏家はだんだん少なくなり、ついに残るのはヴァイオリン奏者のふたりだけ。ふたりの奏者のどうしていいかわからない様子に、観客から湧き出る笑いや、拍手で終わるといった信じられない曲を作りました。「我々は早くウィーンに帰りたい」という演奏家たちの気持ちを表した曲です。それを知った伯爵は、翌日から演奏会を早めに終わらせ、演奏家たちはその日のうちに家に帰ることができたと言われています。

こんな変わった曲もあります。交響曲第60番「うかつもの」です。演奏中、急に指揮者が演奏を止めます。コンサートマスターの指示で、弦楽器奏者が一斉に音合わせを始めます。それが終わるとまた演奏が始まるといった構成で、これがひとつの曲となっています。演奏途中で

アイゼンシュタットのハイドンの住居は現在は記念館になっており、直筆の楽譜や愛用のハンマークラヴィアなどが展示されている
© オーストリア政府観光局／Herzberger

ハイドン記念館の中庭
© オーストリア政府観光局／Markowitsch

ハイドン記念館の建物正面の壁に埋め込まれた記念プレート。ハイドンは1766年から1778年までの12年間をこの家で暮らしていた。著者撮影

ハイドン記念館のキッチン。当時の道具などもそのまま残されている。著者撮影

観客席の笑いを求める珍しい音楽でした。

## パリやスペイン、ヨーロッパでの活躍

40歳を過ぎた頃から、ヨーロッパ各地でヨーゼフの楽譜が出版されるようになります。1780年には、ヨーゼフを高く評価し、敬愛していたモーツァルトと出会い、親交を深めます。5年後にはモーツァルトから「ハイドン四重奏曲」が贈られるほどで、親密な交友は、モーツァルトが他界するまで続きました。

54歳の時には、パリのオーケストラから作曲の依頼を受け、交響曲第82番から第87番までの6曲を集めた「パリ交響曲集」を作曲しました。ヨーゼフの人気は、パリでも絶大なものになります。オーストリアのハプスブルク家から、1770年に14歳でフランスのルイ16世に嫁いだ、マリー・アントワネットが大好きな曲でもありました。

この時代は、パリの町にレストランが出現し始めた頃です。フランス革命により、貴族に雇われていた料理人たちが職を失い、彼らが生活のため町に出て、小さな食堂を始めるようになっていました。ヨーゼフもパリの町で、ウィーンでは味わえない新しいフランス料理に出合ったかもしれません。

同じ頃、スペインの司祭からも作曲の依頼があり、「十字架上のキリストの最後の七つの言葉」を作曲しています。

1790年にエステルハージ侯爵が他界し、その後を継いだ息子は音楽に興味を示さず、宮廷楽団も解散してしまいます。ヨーゼフはそれまでの功績を評価され、年金も補償され、以降は自由な音楽活動ができるようになりました。30年ちかく生活していたアイゼンシュタットの

町を後にし、ウィーンへと引っ越します。

## ロンドンにとどまらなかった理由は食事？

1791年、ロンドンの興行師ザロモン氏（4）に呼ばれ、初めてイギリスへと渡ります。ザロモン演奏会に出演し、超満員の大喝采を受け、大成功を収めます。ロンドンでも自分の音楽が認められたことを確信します。その後もロンドンの民衆に好かれ、本人もこの町が気に入り、一年半も滞在しました。その間、オックスフォード大学からは「名誉音楽博士号」を授与され、式典では謝意を表すため新しい曲を作り演奏します。それが交響曲92番であり、その後「オックスフォード交響曲」と呼ばれるようになりました。

翌年の1792年、ロンドンを発ってウィーンに戻る途中、ドイツのボンに立ち寄ります。この町に寄ったのは大切な目的がありました。モーツァルトが認めた、才能あるベートーヴェンに会うことでした。ボンではベートーヴェンの演奏を数曲聴き、弟子入りを許可してウィーンに呼ぶことにします。

その後、1794年にもロンドンへ出かけ、ザロモン氏による演奏会に出演しています。ロンドンでは交響曲第100番「軍隊」から第104番「ロンドン」までを作曲し、初演を行なっています。

イギリスの国王ジョージ3世は、ヨーゼフにイギリスにとどまるよう説得しましたが、ロンドンとウィーンでは音楽の文化や環境が大きく違うことから、王の申し出を断ってウィーンに戻ります。

音楽環境の違いだけではなく、食文化の違いも、ヨーゼフをウィーンに戻らせた理由だった

（4）ヨハン・ペーター・ザロモン
（1745〜1815年）
ドイツ・ボン出身のヴァイオリニスト、作曲家、指揮者、音楽興行師。

のではないでしょうか。ロンドンでの朝食は、柔らかいパンと、お決まりの目玉焼きやオムレツなどの卵料理に、ベーコンかハムが添えらたものが出されます。夜は肉料理がほとんどですが、硬いローストビーフなど、ヨーゼフには味気ない料理ばかりでした。その点、ウィーンの朝食は、いろいろな種類のハムやソーセージ、ベリー類のジャムやチーズなど、好きなものを楽しめます。郷土料理や地ビールも種類が多く、飽きることがありません。毎日飲んでいたアイゼンシュタットのエステルハージ家で造られるワインや、ウィーンのホイリゲワインなども、ロンドンにはない魅力でした。

ちょうどその時期、音楽が好きではなかったエステルハージ家の息子が他界し、次の君主ニコラウス2世がエステルハージ家を引き継ぎます。ニコラウス2世は大の音楽好きで、再度宮廷楽団を編成することになり、楽長にヨーゼフが起用され楽団の総指揮を始めます。

ウィーンに次いでヨーゼフが好きな町、アイゼンシュタット。この町には7つの教会がありますが、ヨーゼフは教会のすべてのオルガンを弾いています。特に彼が愛していたのはシュピタール教会(5)のオルガンで、このオルガンのための曲「ミサ　ブレヴィス変ロ長調よりベネディクトウス」を作曲しています。

## ウィーン・グンペンドルフでの生活と晩年の思い

1797年には、神聖ローマ帝国最後の皇帝フランツ二世に捧げた「神よ、皇帝フランツを守り給え」を作曲します。その曲が後に「皇帝」となり、現在ではドイツ国歌となっています。

翌年、オラトリオ「天地創造」が、1801年にはオラトリオ「四季」が初演されるなど、仕事は順調でしたが、1800年68歳の時には妻のマリアが他界します。

(5)シュピタル教会
ハイドンオルガンと呼ばれるパイプオルガンがあり、見学ができる。1739年にパール・アンタル・エステルハージ(1711~1762)により建てられた教会。音楽のよき理解者であり、本人もヴァイオリン、リュートなどを演奏した。

72歳で長年勤めたエステルハージ家の楽長を辞任し、ヨーゼフは、静かなウィーンのグンペンドルフでの生活を送ります。そして、1809年5月31日、77歳で心臓の衰弱による合併症でその生涯を終えました。

時は、フランス軍がウィーンの町を占領し、郊外ではまだ戦闘が続いている最中でした。ヨーゼフの家の近くでも、銃弾が飛び交っていました。ナポレオンは、ヨーゼフの家の前に2人の衛兵を立たせ守らせたといいます。ナポレオンもフランツ・ヨーゼフ・ハイドンの名声を忘れてはいなかったのです。

ウィーン市民の追悼式では、モーツァルトの「レクイエム」が歌われました。遺骸は、アイゼンシュタットのベルク教会に葬られました。ヨーゼフが残したメモには、こんな言葉が記されていました。

「結婚は一生の失敗」

ヨーゼフは、本当は妻アンナの姉と結婚したかったのですが、その姉は修道院に入ってしまい、妹と結婚したのです。アンナをイメージした曲も作っています。ユーモアを感じさせる曲『悪妻』です。

## ハイドンゆかりのアイゼンシュタット

アイゼンシュタットのヨーゼフが住んでいた家は、現在「ハイドン記念館(6)」となっていて、見学ができます。当時の部屋や暮らしの様子がそのまま残され、キッチンの壁には給与や支給物などが記された用紙が貼られています。年間ワイン1044リットル、牛肉150キロ、豚一頭などが現金以外にも支給されていたようでした。ワインなど日に換算するとかなりの量と

(6)ハイドン記念館
晩年の12年間を過ごした建物が記念館になっていて見学可能。ショッピング街として知られるマリアヒルファー・シュトラーセの近く。
住所：Haydngasse 19　1060 Wien
http://www.wienmuseum.at

なり、相当な酒豪であったと推測されます。もちろん、演奏家の仲間たちにも振舞っていたのでしょう。

ヨーゼフの好きな料理は、ビーアズッペ（Biersuppe）＝ビールのスープ、そして、キャベツを発酵させたザワークラウトは欠かすことがなく、豚肉や牛肉のグーラッシュなど、煮込み料理に添えられ、毎日のように食べていました。

ハイドン記念館から歩いてすぐのところに、長年宮廷楽長をしていたエステルハージ宮殿(7)があります。エステルハージ家は広大なブドウ畑を持ち、城の中にワイナリーもあり、大きなケラー（地下保存室）を備えています。そのまた近くにはヨーゼフの霊廟があるベルク教会があります。

（7）エステルハージ宮殿
Schloss Esterházy
住所：Esterházyplatz 1 7000 Eisenstadt

丘の上に建つベルク教会。1722年にエステルハージ侯爵が建設した巡礼教会。
ハイドンの墓所があるためハイドン教会とも呼ばれる。
© オーストリア政府観光局／Volker Preusser

ベルク教会主祭壇。礼拝堂内にはハイドンが弾いたパイプオルガンがある。
著者撮影

ベルク教会の霊廟に安置されたハイドンが眠る大理石の棺。著者撮影

# Taffelspiz

## タッフェルシュピッツ
## 牛肉のスープ煮

ゆでた牛肉にソースを添えたオーストリアの郷土料理。ウィーンを訪れた音楽家は、必ずこの料理を食べたことでしょう。ハイドンも好きな料理であったと思われます。著者がこの料理を初めて食べたのは、ウィーン市庁舎地下のレストランでした。

### 材料（4人分）

| | |
|---|---|
| 牛すね肉 | 800g |
| 玉ねぎ | 1/2個 |
| 長ねぎ | 1/2本 |
| にんじん | 小1本 |
| セロリ | 小1本 |
| 塩 | 小さじ1/2 |
| 粒こしょう | 5～6粒 |
| ローリエ | 1枚 |
| ローズマリー、タイム | 各1枝 |

### 作り方

1. 野菜は皮をむき、長ねぎ、セロリは1/3くらいの長さに切る。その他は丸のまま、大きな鍋に入れる。牛肉、その他の材料もすべて入れ、ひたひたに水を入れて、強火にかける。
2. 沸騰したら弱火にして、アクや余分な脂を取り除き、肉が柔らかくなるまで1時間半ゆでる。肉の真ん中に楊枝を刺して、スッと抜けたらOK。
3. 肉を取り出して薄く切り、皿に盛り付け、ソースを添える。にんじん、セロリ、玉ねぎは適当な大きさに切って添えてもよい。

＜ソース3種＞

ホースラディッシュソース

生クリーム1/2カップにホースラディッシュ（すりおろし）を好みの量加えて混ぜ、レモン汁少々、塩、こしょう各少々で味を調える。

ヴィネグレットソース

オリーヴオイル大さじ4に白ワインヴィネガー小さじ1を加え、ピクルス、ケッパー、玉ねぎ、パセリ、あさつきのみじん切りを各小さじ1を混ぜ、塩、こしょうで味を調える。

カレーソース

マヨネーズ1/2カップにカレー粉を少量混ぜる。カレー粉の量はお好みで。

〈ヒント〉 肉は脂の少ない部分を使ってください。ゆで汁は、塩、こしょうで味を調えてスープに。ゆでた野菜をさいの目に切って入れると美味です。

# Taffelspiz in Aspick

## タッフェルシュピッツ イン アスピック

### タッフェルシュピッツのジェリー寄せ

人気のある夏用の料理です。オーストリアを始め、ドイツのレストランでもよく見かけます。前ページのタッフェルシュピッツの肉とブイヨン（ゆで汁）を利用し、オードブル風に作ってみました。サラダを添えれば、しゃれたランチになります。

材料（直径10cmの器4個分）

| | |
|---|---|
| タッフェルシュピッツの具 | 2人分 |
| 粉ゼラチン | 20g |
| タッフェルシュピッツのゆで汁 | 4カップ |

作り方

1. タッフェルシュピッツの具は、2cm角に切り、器に入れる。
2. ゆで汁を温め（沸騰させないこと）、水でふやかした粉ゼラチンを入れて溶かし、粗熱が取れたら①に注ぐ。
3. 冷蔵庫で数時間冷やし、型から外して皿に盛り付ける。

〈ヒント〉　板ゼラチンを使う場合の分量も20gです。水でふやかしてから使用してください。

※写真は1人分です（ヨーロッパ産の太いアスパラガス使用）。

# Weißer Spargelsalat

## ワイサー シュパーゲルザラト

### ホワイトアスパラガスのサラダ

オーストリア、ドイツ人にとって春を告げる大事な食材、ホワイトアスパラガス。1600年頃から、ウィーン近郊で栽培されるようになり、ハプスブルク家の女帝マリア・テレジアは、旬の時期は毎日食していたそうです。

**材料（2人分）**

| | |
|---|---|
| ホワイトアスパラガス | 200g（国産なら4本） |
| ゆで卵 | 2個 |
| オリーヴ（黒） | 4個 |
| スタッフドオリーヴ | 4個 |
| トマト（中） | 1個 |
| マヨネーズ | 大さじ5 |
| フレンチマスタード | 小さじ2 |
| 塩、こしょう | 各適量 |

**作り方**

1. アスパラガスの皮をむいて、根の硬い部分を切り、沸騰したお湯で約5〜10分ゆでる。すぐに冷水に入れ冷やす。
2. ゆで卵、トマトは食べやすい大きさに切り、オリーブは半切りにする。
3. ①を食べやすい大きさに切り、②と合わせ、マヨネーズとマスタードを加えてあえ、塩とこしょうで味を調える。

〈ヒント〉 アスパラガスのゆで時間は太さによります。国産の1本50g程度のもので5分、ヨーロッパ産の太いもの（1本100g）は10分くらいゆでてください。ソースは材料に絡まる程度の量で、マヨネーズに塩分がありますので塩は控えめに。

# Esterhazyrostbraten

## エスターハージローストブラーテン

### ビーフの蒸し煮 エステルハージ風

ハイドンが長い間務めた、ハンガリーの大富豪エステルハージ家の伝来の料理です。蒸し煮した牛肉は柔らかく、サワークリームのソースがよく合います。根セロリをみつけたら、ぜひ試してください。パスタもよく合います。

材料（4人分）

| | |
|---|---|
| 牛ランプ肉 | 160g×4枚 |
| 玉ねぎ | 200g |
| にんじん、根セロリ | 各100g |
| ベーコン | 40g |
| ビーフブイヨン | 1カップ |
| バター | 大さじ2 |
| サワークリーム | 大さじ4 |
| ケッパー | 小さじ1 |
| レモンの皮（すりおろし） | 1個分 |
| 小麦粉、サラダオイル | 適量 |
| 塩、こしょう | 各適量 |
| パセリ（みじん切り） | 1枚分 |

作り方

1. 肉をたたいて伸ばし、塩、こしょうで下味をつけ、小麦粉をまぶす。
2. オーブンに入れられる鍋にサラダオイルを熱し、①を入れ、強めの焼き色を付ける。
3. 別の鍋にバター半量を入れ、薄切りにした玉ねぎを軽く炒め、②の上にのせる。ブイヨンを加えて蓋をし、180℃に熱したオーブンに約15分入れて蒸し、肉を取り出す。
4. にんじん、根セロリ、ベーコンを細切りにし、残りのバターで炒め、③の肉のブイヨンを少量加えて1〜2分煮る。
5. 残りのブイヨンを1/2量に煮詰め、サワークリームと混ぜる。ケッパーとレモンの皮を加え数分煮て、塩、こしょうで味を調える。
6. 肉を皿に盛って、④と⑤をかけ、パセリを散らす。

〈ヒント〉 オーブンを使わない場合は、牛肉を弱火でゆっくりと蒸し焼きにしてください。水分が少なくなったら水を適量加えて、肉が焦げないように気をつけてください。

短い人生の多くを演奏の旅に生きた、天才音楽家

# ヴォルフガング・アマデウス・モーツァルト

# *Wolfgang Amadeus Mozart*

1756年1月27日　オーストリア・ザルツブルク生まれ
1791年12月5日　オーストリア・ウィーンで没

---

ハイドン、ベートーヴェンと並んで古典派音楽、ウィーン古典派を代表する一人である。当時、神聖ローマ帝国領であったザルツブルクで生まれ、晩年はウィーンに移り住む。ザルツブルク時代には、ヨーロッパのたくさんの国々を回って演奏し、「神童」と賞賛された。35歳という短い人生のうち、約1/3を旅先で過ごしたことになるが、彼は旅先で出会った音楽や音楽家の影響を、積極的に自らの音楽に取り込んでいった。

ヨーロッパ中を旅した天才音楽家、ヴォルフガング・アマデウス・モーツァルト。天才でありながら社会的な地位に恵まれず、35歳の若さで亡くなってしまいました。

最後の3つの交響曲である交響曲第39番、「疾走する悲しみ」と形容される第40番、天空を翔けるような第41番「ジュピター」は「後期三大交響曲」と呼ばれています。モーツァルトのストリングス（弦楽だけの音楽）は精密で軽快、走り抜けるような独特のスピード感があり、その中に優雅な幸福感と寂しさが一体になって聴こえる、独特なものを持っています。

彼の音楽の世界は「楽しさ、悲しさ、明るさ、暗さ」のコントラストが醍醐味です。それは若い頃の演奏旅行が、彼の生みだす音楽に大きな影響を与えていると言われています。

## 幼い頃から始まった演奏旅行

1756年1月27日　ヴォルフガングはザルツブルクで生まれました。父はザルツブルクの宮廷作曲家でヴァイオリニストでもありました。父による音楽教育により、わずか5歳にして作曲を始めました。親子でザルツブルク宮廷音楽家となりますが、この子は天才と感じた父は将来の展望を外国に見出そうとします。なぜならザルツブルクは宮廷以外、音楽を奏でる場所はなかったのです。劇場もなく、音楽を愛好する人たちもいませんでした。

5歳で初めて姉のナンネルとミュンヘンへの旅に出て、3週間の滞在。そこでバイエルン選帝侯の前で、二人で演奏し称賛を得ています。

6歳の時にはウィーンまで行き、ハプスブルクの宮廷にてピアノ演奏します。そのご褒美に女王マリア・テレジア（1）から大礼服を与えられます。この服は女王の息子のマクシミリアンの着ていた服で、お下がりを下賜《かし》されたのでした。その時の様子、大礼服を着てかつらをか

（1）マリア・テレジア（1717〜1780年）
オーストリアの大公妃。父カール6世の死後、ハプスブルク家の全領土を相続。ボヘミア王、ハンガリー王も兼任した女帝。マリー＝アントワネットの母。

ぶった正装を絵画で見ることができます。ピエトロ・ロレンツォーニ作の絵「大礼服を着た六歳のモーツァルト」がザルツブルク国際モーツァルテウム財団に所蔵されています。当時は正装の時は必ずかつらを付けるしきたりがありました。そのかつらは真っ白でなければなりませんでした。白さをより引き立たせるため小麦粉を頭に振る人もいるほどでした。

まだ十分な体力もないヴォルフガングですが、その年には父親と共に、何時間も馬車にゆられ、バイエルンの都である大都市ミュンヘンへ行きます。この頃すでにビールを飲んでいたヴォルフガングは（当時は飲み水が悪かったので、子供の頃からビールは飲まされていました）、おいしいミュンヘンのラガービールを味わっています。

7歳の時にはさらに長旅に出発。最初の目的である町ミュンヘン、ニンフェンブルク城（2）の宮廷で演奏します。その時の大晩餐会で、雉の丸焼きや野ウサギなどの華麗なる宮廷料理を初めて目にしますが、ヴォルフガングは見学するだけで、それらの料理を口にすることはありませんでした。当時、音楽家の地位は決して高いものではありませんでした。ましてや宮廷に招かれた貴族の人々と一緒に食事するなんてことは許されません。せいぜい晩餐会で余った料理のおこぼれをもらうのが関の山でした。小さな少年は、いつかどこかの宮廷で雇ってもらうことを夢見ながら、9年間も演奏の旅を続けました。

（2）ニンフェンブルク城
バイエルン王家の夏の離宮として1675年に建てられた宮殿。「妖精（ニンフェ）の城（ブルク）」の名にふさわしい優美なバロック建築。戦火を逃れ、当時のまま残っている。

## フランス、イタリアへの旅で出合った料理

8歳の時には、海を渡ってイギリスまで行きます。彼の好きなビールもありましたが、ドイツとは違うイギリスのエールビールをどう感じたのでしょう。

ウィーン中心部にあるホーフブルク宮殿。神聖ローマ帝国時代からオーストリア＝ハンガリー帝国時代までのハプスブルク家皇帝の居城、モーツァルトもここで演奏した。著者撮影

《大礼服を着た６歳のモーツァルト》ピエトロ・アントニオ・ロレンツォーニ、1763年

《シェーンブルン宮殿にてマリア・テレジアの御前で演奏をした幼いモーツァルト》エドゥアルド・エンデル、1869年

2年後の1766年には、フランスのブルゴーニュ地方のディジョンと近隣のリヨンを訪れます。当地ではブルゴーニュのワインを飲み、ヴォルフガングの好きな鶏肉を使った、この地域の郷土料理コック・オー・ヴァン（鶏の赤ワイン煮）を味わったことでしょう。

1770年にはイタリアのボローニャへ行き、約2か月間滞在しました。その間にアカデミアの試験に最年少14歳で合格し、歌劇「ポント王ミトリダーテ」を作曲します。その後ミラノへ行き、3か月ほど滞在。スカラ座では作曲したばかりの歌劇「ポント王ミトリダーテ」が、ヴォルフガング自身による指揮で初演されました。この年齢であの大劇場スカラ座で指揮をするとは、子供の域を超えた度胸です。

ミラノでは有名な料理「コトレッタ・アラ・ミラネーゼ（ミラノ風仔牛肉のカツレツ）」に出合います。子供心にも、美味いものが食べられる喜びに酔いしれたことでしょう。また、レバークヌーデル（レバーの団子料理）やザワークラウトなども、招待してくれた伯爵家に頼んで作ってもらっています。長期滞在により故郷の料理が恋しくなったのでしょう。

その後、フィレンツェ、ローマ、ナポリまで足をのばし、各地の郷土料理を味わっています。ナポリではトマトが料理に使われ始めていました。そこでトマト風味のパスタなどを初めて味わったかもしれません。スイカも生まれて初めて、シナモンと砂糖をかけて食べています。当時イタリアではこういった食べ方がされていたのかもしれません。

ヴォルフガングは、その後もイタリアへは何度となく訪れ、オペラを上演します。

## ミュンヘンからパリへ。パリでの音楽生活

ザルツブルクでの宮廷音楽家の仕事に嫌気を感じた21歳のヴォルフガングは、母とふたり自

バイエルン王家ヴィッテルスバッハ家の夏の離宮としてミュンヘン市街に建てられたニンフェンブルク城。イタリア人建築家バレッリが1664年に設計した。

イタリア、ミラノにあるスカラ座の内部。
撮影：Wolfgang Moroder

分の好きな町であるミュンヘンへ行き20日間滞在します。市内にあるニンフェンブルク城を再度訪れ、宮廷音楽家の地位を求めましたが得る事ができませんでした。ニンフェンブルク城はヴィッテルスバッハ家の宮廷で、後にノイシュヴァンシュタイン城を建てたルートヴィヒ2世が生まれた城でもあります。

ミュンヘンにはヴォルフガングが6歳の時に味わった、大好きなラガービールがありました。ソフトな口当たりで、苦みも少なくむしろ甘みを感じるようなこのビールが大好きになり、ミュンヘンに来ると楽しみにしていた飲み物でもありました。

その後、父の出身地であるアウグスブルクへ行きます。そこでは新しい楽器フォルテピアノ（現在のピアノの原型）に出合いました。その楽器の音に、彼の作曲へのアイディアが膨らみます。そこからマンハイムへ行き、写譜屋のフリードリン・ウェーバー（3）に会い、その娘アイロジアと恋に落ちます。少しでも長く滞在しようと、この町で演奏会を開きました。その会場がモーツァルトホールとして現在も残っています。その後、アイロジアとも別れ、パリに行き半年間の滞在をします。

パリには、ウィーンにはまだ存在していなかったレストランなるものが出現し始めた時代でした。1765年にブーランジェにより初めてパリに出現したレストラン。この頃にはすでに数十軒はあったと思われます。

ヴォルフガングは、パリの街のゴージャスな雰囲気に惹かれました。あちこちの伯爵家などに顔を出し遊んでいるばかり。演奏会も開かれますが、いい印象はありませんでした。

パリ滞在中の保護者であったグリム男爵（4）は、ヴォルフガングの父に手紙を書いています。「息子さんは人を信じやすく、積極性もない。パリで有名になるにはピアノの才能は半分で、

（3）フリードリン・ウェーバー
宮廷に仕える写譜屋をしていた人物（作曲家のウェーバーの叔父にあたる）。ヴォルフガングは、マンハイムで写譜の仕事を依頼したのがきっかけでウェーバー家に出入りするようになった。

（4）グリム男爵
ドイツのザクセン＝ゴータ公国（1640〜1680年まで現ドイツのテューリンゲン州に存在した領邦国家）のフランス大使だった人物。

アルトシュタットのマキシミリアン通りの夕景。遠くにアルプスが見える　© GNTB / Norbert Liesz

マンハイム宮殿。プファルツ選帝侯によって18世紀に建てられたドイツ最大のバロック宮殿。現在はその大部分がマンハイム大学の施設として利用されている。

あとは厚かましさと図太さが必要です。彼は出世に関してあまり興味がなさそうです」

パリ滞在中は、父からの送金のほとんどがヴォルフガングに費やされ金銭的な余裕がまったくなく、病に伏した母は食事も取れなくなり、衰弱した末に世を去ります。

ひとりになったヴォルフガングは、パリから追い出されるように、かつての恋人アイロジアのいるマンハイムに向かいますが、彼女はミュンヘンに引っ越していました。すぐにミュンヘンに出発、彼女を探し出し再会します。しかし、ヴォルフガングに対しすでに魅力を感じなくなってしまったアイロジアは、他の男性と結婚してしまいます。失恋したヴォルフガングはひとり寂しくザルツブルクに戻ります。

25歳の時には再度ウェーバー家を訪れ、アイロジアの妹のコンスタンツェと恋に落ち、翌年、ウィーンのシュテファン寺院で結婚式を挙げ、ウィーンでの落ち着いた生活を求めます。

結婚直後、ザルツブルクにいる父に、ヴォルフガングはこんな手紙を書いています。

「親愛なるお父さん、牛タンを送ってくださってありがとうございます。明日食べようと思っています。もし、ニジマスも手に入ればすごく嬉しいのですが」

父はヴォルフガングが好きだった牛タンをお祝いに送ったのです。ウィーンでも牛タンは販売されていますが、高価な食材であったと思われます。新婚生活は、ウィーンの二大ケーキ店として知られる「デメル」の筋向いの部屋で始まりました。甘いもの好きなヴォルフガング、もちろんデメルのケーキを楽しんだこともあるようです。ただし、ウィーンのチョコレートケーキとして有名なザッハトルテは、残念ながらまだ存在していませんでした。

結婚して1年が経った頃に、「トルコ行進曲」を作曲します。オスマントルコのウィーン撤

ウィーンのシンボルであるシュテファン大聖堂。著者撮影

ウィーン国立歌劇場。竣工は1869年で、残念ながらモーツァルトが生きていた時代には存在しなかった。
著者撮影

モーツァルトが1786年に作曲したオペラ「フィガロの結婚」初演の楽譜表紙

退から100周年を迎えたこの年は、ウィーンの人々の間でもトルコ熱が高まり、その流行を踏まえ、トルコ風のリズムを取り入れて作られた曲です。トルコの旗を模様したクロワッサンの原型であるパン、ギッフェルもよく食べられていたようです。

お酒が好きだったヴォルフガングは、朝からワインを飲むような生活でした。しかし音楽に対する情熱は人一倍強く、29歳の時には一年で80曲も作曲しています。宮廷音楽家にはなれませんでしたが、フリーの音楽家として演奏活動やオペラの作曲などに力を入れ生計を立てるようになります。ピアニストとしての人気も高くなり収入も増えます。

30歳の時には念願のウィーンの宮廷に入り、皇帝ヨーゼフ2世（マリー・アントワネットの兄）の承諾を得て、オペラ「フィガロの結婚」が上演されました。その年に父が亡くなり、次の年には歌劇「ドン・ジョバンニ」を作曲します。そして、32歳では後期三大交響曲の第39番、第40番、第41番「ジュピター」を完成させています。

長い間宮廷音楽家を目指し、やっと念願叶ったと思っていたヴォルフガングでしたが、そこでも周りに嫌われ、自分のポジションを確立することができませんでした。

## 旅から旅へ、各地での演奏活動の果てに

33歳の時にはリヒノフスキー侯爵（5）と共に、チェコのチェスケー・ブジョヨヴィツェへ行き一泊します。この町にはコクのあるブドワルビールの醸造所があります。このビール名が将来世界で知られる、アメリカ産のバドワイザービールの元となっています。第二次世界大戦後、アメリカのバドワイザー社との訴訟に発展し、チェコが敗訴したためバドワイザーの名はチェコでは使うことができなくなりました。

（5）カール・リヒノフスキー公爵
（1761〜1814年）
ライプツィヒとゲッティンゲンで法学を学ぶ。モーツァルトのクラヴィーアの弟子で、モーツァルトの後援者、トゥーン伯爵夫人の娘と結婚していた。バッハの楽曲収集をするほか、のちにベートーヴェンの熱心な後援者となる。

ヴォルフガングは、次の日の昼にプラハに到着。宿であるガストホフ・ツム・アインホルンで食事をし、休憩をとっています。その時の食事は、コンソメスープレバー団子入り、豚肉の薄切りステーキ、デザートはアイスクリームにチョコレートをかけたものでした。

その後、ライプツィヒ、ポツダム、ベルリンを回り、各地の宮廷などで演奏会を開きます。ライプツィヒでは、バッハが長年カントールを務めていた聖トーマス教会を訪れています。また、ここには長い歴史のある演奏会場、ゲヴァントハウスがあり、その会場で「ヴォルフガング・モーツァルト演奏会」が開催されました。このゲヴァントハウスは、後にメンデルスゾーンが指揮者として活躍しました。

34歳の時には、ヴォルフガングの才能の素晴らしさを認めていた皇帝ヨーゼフ2世が死去。レオポルト2世が皇帝となり、戴冠式がドイツのフランクフルト大聖堂で行われます。ヴォルフガングもフランクフルトへ行き、戴冠式に出席します。その後、私費をはたいて演奏会を開催しますが、予想を裏切り客が入らず失敗に終わってしまいます。

その後、マインツ、マンハイム、アウグスブルク、ミュンヘンへと旅をしながらウィーンへと帰ります。その間に妻のコンスタンツェは息子のカールとともに、今まで住んでいたユーデンプラッツから、より多くの部屋があるラウエンシュタインガッセの家に引っ越していました。ヴォルフガングの好きなビリヤードの部屋もあり、そこを小さな皇帝の館と呼んでいたほどです。その頃から彼の体は日に日に悪くなります。そしてここが彼の最後の家となりました。

旅好きで浪費家であったことから、生活は常に借金だらけ。夜遊び、お酒が大好きで、しょっちゅう友人に経済援助を頼む始末でした。

## レクイエムの作曲中に天に召されて

次の年の35歳の時、友人シカネーダー（6）の注文で、彼が書き下ろしたジングシュピール（歌芝居。オペラの一種）「魔笛」の作曲を始めます。また、同時期に、家を訪れた見知らぬ男に、レクイエムの作曲を依頼され、「魔笛」とレクイエム、二つの曲を同時に作り始めました。その年の9月「魔笛」を完成させ、彼自身の指揮でウィーンのアウフ・デア・ヴィーデン劇場にて初演します。その後、急に病状が悪化し、ベッドから起き上がることもできないほどになります。そして、レクイエムは完成させることができないまま、1791年12月5日、妻コンスタンツェに見守られて、自宅のベッドで静かに息を引き取りました。病に伏す前にコンスタンツェに「自分は毒を盛られた」と言葉を残しています。

晩年のヴォルフガングは、自分の死がもうそこまで来ていることを察しているかのように、こんなことも書いています。「僕はもう息も絶えです。自分の才能を楽しむ前に死んでしまうのです。誰も自分の命を計れるものはなく、ひたすら諦めねばなりません」

曲を作る度にかなりの大金を手にしていたのですが、何しろ賭博と酒が大好きで、借金のほとんどが賭博によるものでした。妻のコンスタンツェも金使いが激しく、お互い金銭感覚がない夫婦だったようです。

最後に住んだ家は現在、シュテッフルという百貨店になっており、壁には「モーツァルト1791年12月5日死亡　この石板は1849年にここに設置された」と記されています。

天才ヴォルフガング・アマデウス・モーツアルトは、当時敵対関係にあった音楽家たちや宮廷音楽長のサリエリ（7）により毒殺されたとの噂が流れたのが没後30年。そんな噂から、プー

（6）エマニエル・シネカーダー
（1751〜1812年）
オーストリア、ドイツで活躍した俳優、台本作家。旅回りの一座、シネカーダー一座からウィーンの劇場支配人となる。

（7）アントニオ・サリエリ
（1750〜1825年）
イタリア生まれの作曲家。モーツァルトと対立関係にあり、当時ウィーンでは、サリエリがモーツァルトから盗作したとか、毒殺しようとしたというスキャンダルが起きた。

王宮庭園(ブルクガルテン)に建つモーツァルト像。台座にはさまざまな楽器のレリーフが配置されている。著者撮影

モーツァルトが最後に住んだ場所は、現在百貨店になっている。壁には記念の石板が設置されている。

街角のモーツァルト。ウィーン・モーツァルト・オーケストラは、18世紀の衣装とかつらを着けて演奏する。

シキンの戯曲「モーツァルトとサリエリ」や映画「アマデウス」が作られました。

ヴォルフガング一家は、父の倹約のせいで、食生活にはお金をかけてもらえませんでした。旅の途中の馬車の中や街道沿いの店では、ただ空腹を満たすようなものしかありません。ザルツブルクからイタリアへ入ると、乾燥牛肉が売られています。それを薄く切って固いライ麦パンに挟んだサンドイッチのようなものを、ヴォルフガングは馬車の中で口にしたかもしれません。現在でもイタリアのチロル地方では、お土産用として乾燥牛肉が販売されています。

成長期の体に十分に栄養を与えてもらえなかったことが、ヴォルフガングの人生を短くさせた一番の原因だったのかもしれません。各地の貴族の家などにも多く招かれていますが、そんな時の食事は彼をどれほど癒してくれた事でしょう。

晩年のヴォルフガングが好んだ、ウィーン最古のレストラン「グリーヒェンバイスル」が現在もあります。1500年創業、この店の「サインの間」には、訪れた多くの音楽家や著名人のサインが壁いっぱいに残っていますが、実はこのサイン、店のスタッフがサイン帳を真似して書いたものだそうです。その他、ヴォルフガングが通っていた「ハンガリーの王冠」「銀蛇亭」「金の樽」「ハンターの黄金の角笛」などの店は、残念ながら現存していません。

晩年モーツァルトが好んだグリーヒェンバイスル。
写真提供／traveljunction

# Gerstensuppe
## ゲルステンズッペ
### 大麦入りのブイヨンスープ

ヴォルフガングが病気になった時に父が作ってくれたスープ。それは牛肉のスープに大麦を加えた粥のようなもので、ヴォルフガングは大好きでした。神聖ローマ帝国のレオポルト一世も好んだといわれるスープです。

#### 材料（4人分）

| | |
|---|---|
| 牛もも肉（塊） | 400g |
| 玉ねぎ | 100g |
| 長ねぎ | 1/2本 |
| にんじん | 100g |
| セロリ | 1本 |
| 大麦 | 100g |
| タイム、ローズマリー | 各1本 |
| ローリエ | 1枚 |
| クローヴ | 4個 |
| 塩、こしょう | 各適量 |

#### 作り方

1. 玉ねぎ、にんじんは皮をむく。鍋に水1.5ℓを入れ、牛肉を塊のまま、大麦以外の野菜も丸のまま、香辛料も入れて強火にかける。
2. 沸騰したら弱火にして、アクを取りながら約40分煮る。大麦は別途ゆでておく。
3. 牛肉が柔らかくなったら、肉、野菜を取り出し、食べやすく角切りにする。
4. スープは、布などで一度漉し、肉と野菜、ゆでた大麦を加えて再度温める。塩、こしょう味を調えて器に盛り付ける。

〈ヒント〉　牛肉に串を刺してスッと抜けたらでき上がりです。大麦は多めの湯で15～20分ゆでて、ザルにあけ、冷水でぬめりを取るように洗います。

# Leberknödelsuppe

## レバークヌーデルズッペ

### コンソメスープレバー団子入り

プラハのレストラン、「ガストホフ・ツム・アインホルン」や、イタリアの貴族の家でも特別に作ってもらった大好きなスープ料理です。

材料（4人分）

| | |
|---|---|
| 仔牛または牛レバー | 50g |
| 玉ねぎ（みじん切り） | 25g |
| パセリ（みじん切り） | 大さじ1 |
| バター | 小さじ1 |
| バゲット（硬くなったもの） | 20g |
| 溶き卵 | 1/2個分 |
| マジョラム | 1つまみ |
| レモン汁 | 数滴 |
| 小麦粉 | 10g |
| 塩、こしょう | 適量 |
| ビーフブイヨン | 600cc |

作り方

1. フライパンにバターを入れ、玉ねぎとパセリを弱火で色がつかないように炒める。
2. 多めの水にバゲットを10分浸す。
3. レバーをミンチにして、ボウルに入れ、①と卵、マジョラム、レモン汁を加えて混ぜる。
4. パンの水分を絞り、ちぎって③に加える。小麦粉を加え、塩、こしょうで薄く味をつけ、冷蔵庫で30分寝かせる。
5. ブイヨンを沸騰直前まで温め、④をスプーンなどで丸く形を作り加える。
6. 沸騰させないように静かに10〜15分煮て、レバーに火を通す。

〈ヒント〉 ブイヨンは固形を使っても結構ですが薄めに作ってください。レバー団子の味がブイヨンになじみ、コクのあるスープに仕上がります。軽く仕上げたい時は、チキンブイヨンでもOKです。

# Schweineschnitzel mit Pilzen

## シュワイネシュニッツェル ミット ピルツェン

### 豚肉の薄切りソテー きのこソース

ヴォルフガングの大好きだった料理。そして人生最後に味わった料理のようです。きのこの風味が豊かな一皿です。

材料（4人分）

| | |
|---|---|
| 豚赤身肉 | 100g×4枚 |
| 塩、こしょう | 適量 |
| 小麦粉 | 適量 |
| バター | 適量 |
| にんにく（みじん切り） | 1かけ分 |
| 玉ねぎ（みじん切り） | 50g |
| きのこ（しいたけ、しめじなど好みのもの） | 200g |
| 赤ワイン | 1/2カップ |
| フォン・ド・ヴォー※ | 3/4カップ |

※フォン・ド・ヴォーは仔牛のだし。市販のものを使ってください。

作り方

1. 豚肉をたたいて薄くのばし、塩、こしょうを振る。
2. 小麦粉をまぶし、フライパンにバターを入れて温め、中火で焼く。
3. 片面に焼き色がついたら裏返し、弱火にしてゆっくりと肉に火を入れる。
4. 肉が焼けたら取り出しておく。同じフライパンでにんにくと玉ねぎを炒め、きのこを加えてさらに炒める。フライパンから取り出す。
5. 同じフライパンに赤ワインを入れて1/3量まで煮詰め、フォン・ド・ヴォーを加え少し煮詰める。
6. きのこを戻して温め、塩、こしょうで味を調え、皿に盛った肉にかける。

〈ヒント〉 豚のロース肉を使用しても結構です。肉が厚い場合はオーブンに入れて火を通してください。季節に応じて、数種類のきのこを合わせて使うとよりおいしくなります。

# Wienerschnitzel

## ウィンナーシュニッツェル

## 豚肉の薄切りウィーン風

本来は仔牛肉を使いますが、豚肉で代用しました。19世紀中頃、オーストリアのラデツキー将軍がイタリア遠征の際に、ミラノで食べた「コトレッタ・アラ・ミラネーゼ」を気に入り、ウィーンに帰って作らせ、今では名物料理になりました。

### 材料（1人分）

| | |
|---|---|
| 豚もも肉（赤身） | 1枚（100g） |
| 塩、こしょう | 適量 |
| 小麦粉 | 適量 |
| 溶き卵 | 1個分 |
| 細かいパン粉 | 適量 |
| バター | 40g |
| レモン（スライス） | 1枚 |
| ゆで卵（スライス） | 1枚 |
| アンチョビフィレ | 1枚 |
| ケッパー | 5粒 |
| ソテーしたじゃがいもなど | 適量 |

### 作り方

1. 肉は、5mmほどの薄さになるまでていねいにたたく。
2. ①に塩、こしょうで下味をつける。小麦粉をまぶし、溶き卵にくぐらせ、パン粉をしっかりとつける。
3. フライパンにバターを入れて中火にかけ、バターが溶けてきたら②を入れて、両面をこんがりと黄金色に焼き上げる。
4. 焼き上がったら皿に盛り、レモン、ゆで卵をのせ、ケッパーをアンチョビで巻いたものを飾る。
5. ソテーしたじゃがいもなどを添える。

〈ヒント〉 パン粉は自分で作ると格別です。フランスパンやドイツの食事パン、カイザーゼンメルなど、硬くなったパンを小さく切り、ミキサーにかけてください。さらっと軽い、なめらかなパン粉ができます。肉の焼き具合は両面がパリッとするように、バターを少し多めに入れて焼くとうまくいきます。

# Cotoletta alla Milanese

## コトレッタ アラ ミラネーゼ

### 豚ロース肉のカツレツ ミラノ風

ヴォルフガングは、ミラノでこの料理をどんな思いで味わったのでしょうか。ウィーン風は脂身がない赤身を使用しますが、ミラノ風はロース肉を使用します。こちらも仔牛肉ではなく、豚肉で代用しました。

材料（4人分）

| | |
|---|---|
| 豚ロース肉 | 120g×4枚 |
| 塩、こしょう | 各適量 |
| パルメザンチーズ（粉） | 20g |
| 卵 | 2個 |
| パン粉（細かいもの） | 50g |
| バター | 200g |
| レモン | 1個 |

作り方

1. 肉の筋を包丁で切り、塩、こしょうで下味をつける。
2. ボウルに卵を割り入れ、チーズを加えよく混ぜ合わせたものに、①を浸し、両面にパン粉をしっかりとつける。
3. フライパンにバターを入れて中火にかけ、バターが溶けてきたら②を入れて焼く。両面を黄金色に焼く。
4. 3を180℃に熱したオーブンに入れ、5〜7分火を通す。
5. 皿に盛り、レモンを添える。

〈ヒント〉 肉に小麦粉をつけないところが特徴です。オリジナルはチーズは入りませんが、シェフや家庭の主婦たちが工夫を凝らし、現在ではたくさんのレシピが存在します。パン粉はウィンナーシュニッツェルを作る時と同じ要領で細かいものを使用してください。

# ウィーンのパン屋で生まれたクロワッサン

1683年9月11日オスマン軍に包囲されているウィーンは、絶体絶命の危機を迎えていました。応援の到着を今か今かと待ちわびていたオーストリアの兵士たちは、勇猛なオスマン軍の前に明日をも知れぬ状況を迎えていました。外壁（現在のリンク）で守られていたウィーンの街を陥落させようと、オスマン軍は夜中に町の中心地までトンネルを掘って攻め込もうとしていました。

あるパン屋の主人が、朝まだ夜が明けぬうちに朝食のための売り物のパンを焼いている時のこと、厨房で耳慣れない物音を聞きました。外に出てみても誰もいないし、おかしいと思いじっくりと耳を澄ますと、パン屋の床の下から物音がすることがわかりました。もしや誰かがトンネルを掘っているのではないかと気づきます。そして、「オスマンの兵士たちかもしれない。これは大変だ、すぐに軍に知らせなければ」と店をそっちのけで軍に知らせに行きます。

オーストリア軍は、このパン屋の情報により敵の侵略作戦を阻止し、オスマン軍を退散させることができました。このパン屋の気転が無ければウィーンの街はオスマン軍の手に渡っていたかもしれません。難を逃れたオーストリア軍ですが、まだ安心してはいられません。そんな時、応援のポーランド王の率いる10万ものヨーロッパ混成軍が到着。次の日にはウィーンの北方でオスマン軍を破り、彼らはベオグラードへと撤退していきました。見事オスマン軍を蹴散らすことができたことで、そのパン屋の主人は皇帝や国民から大いに称えられたそうです。

話はここからです。パン屋の主人の頭には、とあるアイディアが浮かびます。あのオスマン軍の国旗に描かれている三日月形のマーク、あんな形のパンを作ってみたいと皇帝に願いを出しました。すると皇帝は「あなたは我々ウィーンの市民を助けてくれた恩人だ。なんでもかなえてあげよう」と、パンの製造が許されました。

さっそくパンを作って店頭にて売り出したところ「オスマン軍の旗のマークをパンにしたとは面白い。オスマンなんか怖くない、食ってしまえ」と、町の大評判になり、そのパンはキッフェルン（三日月の意）と名付けられました。当時オスマン軍はどこの国からも恐れられていたので、時代と共にこのパンはヨーロッパ中に広まりました。ウィーンでは、現在も「キッフェルン・ブロート」として受け継がれています。

1770年、若干14歳のハプスブルク家の皇女マリー・アントワネットがフランス王ルイ16世と政略結婚します。マリーは、大好物であったキッフェルンを作るパン職人も一緒にフランスに連れて行きました。そして毎日マリーのために焼かれるキッフェルンが、物珍しさからブルジョワジーの人気となり、パリで知れ渡るようになりました。フランス語で三日月は、クロワッサン。現在のように、バターを使って折パイのようにパリッとした仕上がりとなるクロワッサンが登場するのは20世紀なってからですが、この名前でフランスにすっかり定着したのです。

バターたっぷりのクロワッサンが登場したのは、1906年、パリの菓子職人、オギュスト・コロンビエが自分の店「ブルジョワ風菓子店」で作ったのが始まりといわれます。その後、さまざまな職人たちがこの「新しいクロワッサン」作りに挑戦し、試行錯誤の結果、いま我々が口にしているようなパンになったのです。

赤字に白の三日月と星を染め抜いたトルコの国旗。三日月はオスマン帝国の国旗にも用いられていた

クロワッサンのもとになった三日月型のキッフェル（キッフェルンは複数形、またキフリやキプフェルとも呼ばれる）写真：Hu Totya

# *Ludwig van Beethoven*

# ルートヴィヒ・ヴァン・ベートーヴェン

## 波乱の生涯を生き抜き、音楽を芸術へと高めた功績

1770年12月16日（推定）　ドイツ・ボン生まれ
1827年3月26日　オーストリア・ウィーンで没

先人であるハイドンやモーツァルトの音楽を継承しつつ、自分らしさを追求した作品を数多く残した。この時代は、フランス革命やナポレオンに象徴されるように、市民階級が力をつけ始めた時代。ベートーヴェンも、貴族のお抱え音楽家ではなく、自立した音楽家として活動した。しかし、父に惑わされた青年時代、難聴のトラブル、結ばれることのない恋など、波乱に満ちた生涯であったが、力強く生き抜いた音楽家である。

日本人に一番知られているクラシック音楽と言えば、「第九」かもしれません。これを聞かないと年末の感がないという方も多いでしょう。

ルートヴィヒ・ヴァン・ベートーヴェンは、音楽を「芸術」に位置づけた最初の音楽家でした。それまでの音楽家は宮廷で働くことを目指し、頼まれた音楽を作曲して認めてもらうのが仕事。自分の曲を後世にまで残すという考え方は全くありませんでした。彼は、自分のオリジナリティーをはっきりさせる力を持った作品作りを心がけ、宮廷に興味を示さず、芸術音楽を完成させていった作曲家でした。

多くの音楽家が、旅に明け暮れて演奏先を見つけようとしている時代、彼はじっくりと腰を落ち着け、曲作りに励んでいたのです。音楽家を貴族の地位にまで引き上げ、それを認めさせた功労者でした。

## 貧しかった幼年時代

ルートヴィヒは、1770年12月16日（推定）、元西ドイツの首都であったライン河沿いの町、ボンで生まれました。父ヨハンは宮廷歌手として働いていましたが、酒好きで、毎日浴びるほど飲んでおり、妻のマリア・マグダレーナは生活費に困ったあげく、祖父の援助を頼み、どうにか生活できる程度でした。

ドイツではこの地域で食用としてじゃがいもの栽培が最も早く定着しました。今まで家畜の餌ぐらいにしか使われていなかったじゃがいもですが、この地域では貧民食として普及し始めた頃で、ルートヴィヒの家庭でもゆでたじゃがいもが毎日食卓に供され、それが主食のようになっていました。

祖父の名を授けられたルートヴィヒは、音楽教育を受け始めますが、3歳のときに祖父が亡くなり援助が止まってしまい、家計が厳しくなります。それからは、父がルートヴィヒの音楽的才能を当てにして自分でピアノの演奏を教え込み、8歳の時にはドイツ最大の大聖堂があるケルンで演奏会に出演します。しかし、それ以上上達しないルートヴィヒを見て、父は友人のボン宮廷音楽長のネーフェ（1）に相談し、彼に指導を依頼します。まだ基礎がまったくできていなかったルートヴィヒに、ピアノの基本である、カール・フィリップ・エマヌエル・バッハ（2）の「ピアノの正しい奏法についての試み」から教え始めます。この本はヨハン・セバスチャン・バッハの息子が書いたものでした。その後「平均律クラヴィーア曲集」を学び、それからはメキメキと上達します。11歳でネーフェの助手として、礼拝堂のオルガン演奏をすることになりますが、まだ若いので無給でした。1784年、14歳で宮廷礼拝堂楽部員としてやっと150フローリンの給料が出ることになります。その頃からルートヴィヒがピアノで家計を助けるようになりました。

ある時、母が急病になり医者を呼びます。その時に往診にきた、若い医学生ヴェーゲラー（3）は、その後のルートヴィヒの生涯において切り離せない、道を作ってくれる人となります。

## モーツァルトとの出会いと母の死

1784年．ボン宮廷のフリードリッヒ選帝侯が亡くなり、マキシミリアン・フランツ公が後継ぎとなります。ルートヴィヒはその1年前に、ピアノ曲「3つの選帝侯ソナタ」をフリードリッヒ公に捧げていました。

新しい選帝侯もまた、音楽に興味を持ち、理解のある人でした。そのおかげでルートヴィヒ

（1）クリスティアン・ゴットロープ・ネーフェ
（1748〜1798年）

ドイツ・ザクセン州ケムニッツ出身のオペラ作曲家、指揮者、オルガニスト。

（2）カール・フィリップ・エマヌエル・バッハ
（1714〜1788年）

セバスティアン・バッハの最初の妻マリアとの子。古典派音楽の基礎を築き、生前は父よりも有名で、成功を収めた。

（3）フランツ・ゲルハルト・ヴェーゲラー
（1765〜1848年）

ボン出身の医師。ヴォルフガングより5歳年上。お互いまだ十代の頃に出会い、その後ウィーンで旧交を温める。

ベートーヴェンの生家。現在はこの建物は博物館となっている。© GNTB

ボンガッセ20番地にある生家正面にあるプレート。著者撮影

ベートーヴェンが洗礼を受けた聖レミギウス教会。幼い頃はこの教会でオルガン演奏を行っていた。
著者撮影

は、16歳の時にはマキシミリアン公の紹介で、モーツァルトに会うためウィーンに旅します。まだ寒い3月にボンを出発。一人郵便馬車に乗り、4日目でミュンヘンに到着します。ミュンヘンでは名物料理レバーケーゼをパンにはさみ、空腹の胃を久々に満足させたことでしょう。ミュンヘンからまた郵便馬車を乗り換えて5日間かけ、4月7日ウィーンに到着します。そして、あこがれのモーツァルトの家を訪ねます。プラハで「フィガロの結婚」の初演を終え戻ったばかりのモーツァルトに、「ここで僕の曲以外の何か弾いてくれ」と言われます。モーツァルトの曲を弾くものだと考えていたルートヴィヒは少し躊躇しましたが、バッハの「平均律クラヴィーア曲集」の前奏曲を演奏することにしました。それに対し、モーツァルトは驚きもしませんでした。それを察したルートヴィヒは「私の得意とする即興曲のテーマを与えてください」と詰め寄り、再度自分らしさを出せるピアノを弾きます。その演奏の素晴らしさにモーツァルトは才能を認め、弟子入りを許可します。しかし、モーツァルトは歌劇「ドン・ジョヴァンニ」の作曲で忙しく、なかなか指導してくれませんでした。モーツァルトは周りにこんなことを言っています。

「彼を見守りたまえ、後々世の話題となるだろうから」

それから2週間も経たないうちに、ボンの実家から「母の病気が悪化、すぐに帰れ」と手紙が届きます。ルートヴィヒはすぐに帰り支度をし、モーツァルトの弟子入りを諦めて帰郷しますが、すぐに母は亡くなってしまいます。それからというもの、父はよりひどいアルコール中毒となり、まったく仕事もせず、ルートヴィヒに頼る始末です。ボンでは宮廷音楽家として再度働き始めますが、彼一人で父親と弟二人の家計を助けなければならない辛さが待っていました。ルートヴィヒに対し反抗的な態度の父と弟たち。弱冠17歳のルートヴィヒは精神的にも経済的にも辛い日々を送ります。

## もっとも美しい記憶となった青春の日

そんなある日の事、かつて母の診療をした医学生のヴェーゲラーから、「お世話になっているブロイニング家の娘さん達にピアノを教えてほしい」と話を持ちかけられます。少しでもお金が欲しいルートヴィヒは二つ返事で承諾し、ブロイニング家（4）を訪ねます。長女のエレオノーレと三男のロレンツにピアノを教え始めますが、驚くほどの豪邸でピアノを教える素晴らしさに、ルートヴィヒはこの仕事をとても喜びました。ブロイニング夫人は、母を亡くしたまだ若いルートヴィヒを我が子のようにかわいがってくれます。そして、ルートヴィヒは、次第にエレオノーレの美しさに心を惹かれ始めます。

練習後、ブロイニング家にて食事を一緒にすることが度々あり、そのテーブルには今まで食べたこともない料理が並びました。ニシンのサラダや豚肉のローストなどを食べながら、

「君の家ではこんなおいしい料理をいつも食べているのかい」

「ええ、ママがいつもいろいろな料理を作ってくれますよ」

「僕の家ではじゃがいもばかりで、肉の塊なんて食べたことないよ」

「じゃがいもってなに？　そんなもの知らない」

「え、じゃがいもを知らないの？　アメリカ大陸から来た野菜らしいけど、あまりおいしいものじゃないよ」

「へー、そんな野菜があるのね」

（4）プロイニング家
宮廷顧問官をつとめたエマヌエル・ヨーゼフ・フォン・ブロイニング（1741〜1777）が不慮の事故でなくなった後、未亡人ヘレーナが、長男クリストフ、長女エレオノーレ、次男シュテファン、三男ロレンツの4人の子供を育てていた。

ルートヴィヒとエレオノーレの間に、こんな会話が交わされたかもしれません。まだじゃがいもは低層階級の家庭でしか食べられていない時代でした。

ある日、ブロイニング家で多くのお客を招待したパーティーが開かれました。ルートヴィヒはそこでのピアノ演奏を頼まれ、何曲かを演奏しました。演奏後にテーブルを見ると、豪華な料理の数々が並んでいました。ライン河中流地方名物の「牛肉のロール巻き」、ヴィネガーや赤ワインで牛肉を漬けて煮た「ザワーブラーテン」などなど。家では、ライ麦パンにくず野菜と肉の欠片が入ったスープや内臓の煮込みなど、まともな料理はほとんど食べていなかったルートヴィヒにとって、この光景はまさに天国にいるような気分でした。食事の豪華さに魅せられ、このブロイニング家でのピアノレッスンがより楽しいものとなります。それ以降、レッスンが早く終わると食事を共にすることが多くなりました。時々催されるパーティーでは、多くの貴族たちも紹介され、後のウィーンでの生活にも道筋を与えてくれたのです。

## コーヒーの香りと大切な思い出

ブロイニング家での食卓での、思い出に残る香り、それは異国情緒たっぷりな飲物、コーヒーの香りでした。今まで嗅いだことのない香りは、ルートヴィヒの興味をそそりました。

コーヒーは、ハンブルクやライプツィヒでは、1700年代前半には一般市民にも飲まれるようになりつつありました。1780年頃「コーヒーは貴族や聖職者のみ飲むことができる」というコーヒー禁止令（5）が出された地域もありましたが、すでにコーヒーの味わいを知った人々は、我慢できずチコリや大麦を使ったコーヒーを作り、それが長い間飲まれてもいまし

（5）コーヒー禁止令
輸入に頼るコーヒーの消費量が増えすぎ、通貨の海外流出によって国内経済が疲弊するのを危惧したプロイセン王フリードリヒ2世が、1781年に、王室以外でのコーヒーの焙煎を禁止した。

《五感より、味覚》マルティン・エンゲルブレヒト、18世紀　アムステルダム国立美術館蔵
アウクスブルクの著名な版画商で彫刻師だったエンゲルブレヒトによる手彩色銅版画。コーヒーをたしなむ人々が描かれている。

《コーヒーを飲む女性》ルイ＝マラン・ボネ、1774年　メトロポリタン美術館蔵

た。現在でもチコリや大麦のコーヒーはドイツで健康食品として販売されています。

ルートヴィヒが生涯コーヒー好きだったことはよく知られています。毎回決まって60粒の豆を使い、常に同じ味にしていたというエピソードがありますが、その味と香りは、彼のボンでの一番良かった時代の思い出と結びついていたのでしょう。ルートヴィヒの片想いによる初恋の人となったエレオノーレでしたが、身分の違いなどを理由に告白はできませんでした。ただ、一緒にいてピアノを教える、一緒に食事をする、それだけで幸せでした。その時のことが、コーヒーの香りによって思い起こされたに違いありません。この家庭では多くの事を学び、初めての料理もたくさん味わうこともさせてもらった、大切な青春の日々だったのです。

ルートヴィヒは、飲んだくれの父がいる自宅に嫌気がさすと、歩いて5分ほどの市庁舎の左横にある「ツア・ブローメン（Zur Blomen）」というクナイペ＝酒場へ行き、学生時代の女友達バルベ・コッホとダンスを踊って気を紛らわしていました。その店は現在もレストラン「エム ヘッチェ（Em Hötche）」として残っていて、ベートーヴェンが座ったという場所に似顔絵が飾ってあります。当時のルートヴィヒはお金がなかったので、じゃがいものタルト、カルトッフェルクーヘンをよく食べていたようです。

## ハイドンとの出会いとモーツァルトの死

1790年、20歳の時です。ハイドンがボンを訪れます。ウィーンからイギリスへ行く途中に立ち寄ったのです。ハイドンはモーツァルトと親交が深い作曲家でした。宮廷でハイドンの歓迎会が開かれ、ルートヴィヒも招待されました。そこでハイドンを紹介され、ハイドンからこんな言葉がルートヴィヒに語られたのです。「あなたの素晴らしさを友人のモーツァルトや

ボンでベートーヴェンが通ったというレストラン「エム・ヘッチェ」はミュンスター広場にある。著者撮影

「エム・ヘッチェ」でベートーヴェンが座っていたと言われている場所。著者撮影

ボン宮廷楽長のネーフェ君より聞いています。近いうちにまたウィーンに来なさい。モーツァルト君も喜ぶでしょう。私はこれからロンドンに行きますが、その帰りにまたボンに寄ります。その時にあなたの作品を聴かせてください」と親近感を持って挨拶してくれたハイドンに、ルートヴィヒは感激しました。

　それから1年が経ち、ルートヴィヒは再度ウィーンへ行く決心をし、12月に「弦楽三重奏曲」をモーツァルトに聴かせるため書き上げます。しかし、それから間もなくモーツァルトが亡くなったことを知らされます。大きなショックを受けたルートヴィヒは、話を聞いてもらえるのはあそこしかないと、ブロイニング家に駆け込み、夫人とエレオノーレに慰めてもらうほどでした。落ち着くと、エレオノーレにピアノのレッスンを持ちかけます。そうしていることが一番の心の安らぎでもあったのです。

　ロンドンで1年半の滞在を終えたハイドンは、ウィーンに戻る途中に、約束通り再度ボンを訪れます。ハイドンはルートヴィヒに「モーツァルトが死んでしまい、彼から教わることができなくなってしまった。もしウィーンに来るなら、私が君に教えよう」と言ってくれたのです。ルートヴィヒはエレオノーレの存在も気になっていましたが、自分の将来を考えウィーン行きを決めます。彼女にはもう会うことがないと予測し、「ピアノのためのエレオノーレ・ソナタ　ハ長調」を作曲し贈ります。

　ウィーンへ発つルートヴィヒを激励しようと、多くの仲間たちがパーティーを開きます。記念帖にはエレオノーレからのこんな言葉が記されていました。

「友情は善なるものと共に、夕べの影のごとく、人生の落日の時まで育つ」

その後、エレオノーレは、ルートヴィヒにブロイニング家を紹介してくれた医学生ヴェーゲラーと結婚することになりますが、ふたりとの友情は長く続きました。

## ウィーンでの活躍と名声の高まり

1792年11月2日、ルートヴィヒは馬車に揺られドイツのコブレンツまで着いたところで、フランス軍とドイツ軍の戦火に巻き込まれます。この年の4月に勃発したフランス革命戦争(6)です。プロイセンがフランス政府軍に宣戦布告し、戦火はドイツ、ライン川周辺にもおよびました。この戦いでマリー・アントワネットがフランス軍の作戦を敵方に漏らしていたと告げ口する者が現れ、王家全員が幽閉されてしまいます。翌年10月にはパリのコンコルド広場で、38歳のマリー・アントワネットは処刑されます。14歳でウィーンのハプスブルク家からフランスに嫁ぎ、シャンパンを好み、ギッフェル（クロワッサンの原型）やマカロンを口にする彼女の姿に、一般市民は嫌悪感をもっていました。そんな振る舞いは、政略結婚により自分の人生を思うように生きられなかった、マリーの抵抗だったのかもしれません。

ルートヴィヒは戦火の中をかいくぐりながらウィーンへと向かいます。予定をはるかに超えましたが、無事ウィーンに到着。1か月が過ぎやっと生活も落ち着き始めたそんな時、父が脳卒中で亡くなったという電報が届きます。しかし、ルートヴィヒはボンには戻りませんでした。フランス革命戦争によりフランス軍の手中にあり、帰っても今までのようにボンやケルンでの宮廷での仕事もないことがわかっていたからでした。

まじめなルートヴィヒは、日々努力し、ピアノの演奏者としての名声を日に日に博しますが、

(6) フランス革命戦争
1792〜1799年、フランス革命のとき、革命政権を打倒しようとするヨーロッパ諸国とフランスとの間に生じた戦争がこのように呼ばれた。

ハイドンからのレッスンはたまに行われるだけで、新しい先生を自分で探しました。音楽理論の第一人者と言われるアルブレヒツベルガー（7）です。ルートヴィヒは24歳の頃からリヒノフスキー侯爵（8）にかわいがられるようになり、彼の邸宅に住まわせてもらい新しい生活が始まります。この侯爵は、モーツァルトがプラハからドレスデン、ポツダムへ旅したときに共にした人物で、多くの音楽家の援助をしています。ルートヴィヒも25、26歳の時に2度、リヒノフスキー侯爵とプラハへ行き、演奏会を開いています。多くの伯爵、侯爵夫人を紹介してくれたのもリヒノフスキー侯爵でした。処女作「ピアノ三重奏曲作品1」を発表し、音楽家としてやっと自立します。また、リヒノフスキー邸のサロンで何度となく演奏会が開かれ、その度にルートヴィヒは多くの伯爵や侯爵に曲を捧げるようになりました。

25歳の時には、ウィーンのブルク劇場にて開催された大演奏会に参加します。この日のために「ピアノ協奏曲・作品19」が作曲されました。

この頃からルートヴィヒは、押しも押されもしない、モーツァルトをしのぐ大音楽家へとのし上がっていきます。また、社交界の花形となり、ホーフブルク宮殿でもコンサートがたびたび催されました。貴族の食する豪華な料理や、モーツァルトの好きだったシュニッツェル、ウィーンの代表的なタッフェルシュピッツ（牛肉の煮込み）などを味わったことでしょう。

ボンの町もとうとうフランスが支配するようになったことを知ったルートヴィヒは、危険を感じ、弟ふたりをウィーンに呼びます。収入も増えて独り立ちできるようになったルートヴィヒは、リヒノフスキー侯爵の家を出て弟達とアパートを借りて住み始めます。立派な邸宅の食堂で毎日豪華な食事をするよりも、町の大衆食堂で好きなように食べた方が、気楽でした。自

（7）ヨハン・ゲオルク・アルブレヒツベルガー（1736〜1809年）
ウィーンで活躍した古典派の作曲家、音楽理論家、オルガニスト、音楽教育者。ウィーンのシュテファン大聖堂の楽長も務めた。

（8）カール・リヒノフスキー公爵
68ページ参照

ウィーンのブルク劇場。1741年にマリア・テレジアが宮廷劇場として創設。1776年にヨーゼフ2世によって国立劇場として再組織され、19世紀初頭以降、ドイツ・オーストリア演劇の中心的劇場として名声を博している。戦時中に焼失したが、1955年に再建された。

1888年に完成した旧劇場。第二次世界大戦中に破壊された。

分の思うようにコーヒーを淹れて、毎日飲めればそれに越したことはありませんでした。

## 難聴の悪化と葛藤

26歳の時にはひとりドレスデン、ライプツィヒ、ベルリンを旅しています。ベルリンではジングアカデミーで即興演奏をし、熱狂的な歓迎を受けています。この旅行中には多くの作曲をしています。

28歳のころから、自分の耳が聞こえづらくなっていることに気づきます。医者には「疲れが原因」と診断され、数週間で治ると言われましたが、日を追うごとに難聴が激しくなっていきました。不安が募り、音楽に対する集中力も失われます。そんな時、ハンガリーの伯爵夫人が訪ねてきました。ルートヴィヒも良く知る人物で、娘2人にピアノを教えてほしいとやって来たのです。美しいテレーゼとヨセフィーヌでした。その美しさにルートヴィヒはレッスンを承諾します。レッスンは16日間だけのものでしたが、この2人にピアノを教えている時が、難聴や頭痛を忘れられる唯一のひと時でもありました。

レッスンの後には豪華な食事が用意されていました。ハンガリー出身の伯爵家であることから、パプリカを使った料理が大半を占めていました。もちろんその中にはグヤーシュ（パプリカ粉を使った肉の煮込み料理）もありました。

その後も、たびたび伯爵家で演奏することがあり、その紹介で伯爵の従妹のジュリエッタにレッスンをすることになります。日に日にジュリエッタへの想いを胸に秘めるようになり、結婚を考えますが、家柄の違う若い娘と30歳のルートヴィヒとの結婚は、かなわぬ夢と諦めます。ルートヴィヒはジュリエッタに曲を送ります。それが「ピアノ・ソナタ　月光」でした。楽譜の表紙に「わが愛するジュリエッタのために」と記されていました。テレーゼにも恋こがれますが、これも実らぬ恋となってしまいます。

30歳の頃には難聴、頭痛がひどくなりますが、音楽に対する情熱は変わらず、多くの作品を書き残します。医者の勧めで療養をかねて、住まいを自然の多いハイリゲンシュタットの町に移しますが、一向に良くはなりませんでした。この町に移って半年経った32歳の時、音楽家としての生命をあきらめ自殺も考えます。

「いつも善意に満ちた人間になるよう心がけ、あらゆる苦痛にも耐え乗り越え、演奏や作曲に努力してきた。私は音楽によって救われた。死よ、私は恐れることなく迎え入れよう。限りない苦しみから解放してくれる。お前たち兄弟の幸せを祈っている」と、弟たちに遺書を残します。それが「ハイリゲンシュタットの遺書」です。しかし彼は強靭な精神力により、再び生きる意志を持ち、難聴に向き合い新しい作曲に着手し始めます。

34歳からの十年間は「傑作の森」と呼ばれる黄金期を迎え、「運命」「田園」など不滅の名作を作曲しています。特に「田園」は自分の生きる希望を表した曲と言っています。「英雄」は崇拝していた革命家ナポレオンのために作り、表紙に「ボナパルト」と書き入れましたが、ナポレオンが皇帝になった事を知り、自分の思い描いていたナポレオンと違ってしまっていることに気づきます。そして、表紙に書いた「ボナパルト」の字を消し取ってしまいました。

## 晩年の療養生活と「エリーゼのために」

39歳の時には恩師アルブレヒツベルガーとハイドンが他界します。ナポレオンによりウィーンがフランス軍の占領下に置かれていた時でしたが、フランス軍の占領もそう長くは続きませんでした。

占領が解かれて間もない夏、ゲーテ(9)との劇的な出会いが待っていました。病気療養のためにチェコのテプリツェの温泉へ向かったルートヴィヒは、ゲーテの泊まっているホテルに会いに行きました。ゲーテはホテルのロビーでルートヴィヒを出迎えてくれたのです。その頃は既に彼の耳はほとんど聞こえない状態でしたが、2週間の滞在は2人を近づけました。

グルメであったゲーテとともに、これらの地でどんな料理を食べたのでしょうか。当時のチェコはヨーロッパでもフランスに次ぐ料理人の国として知られていました。もちろんワインも造られますが、当時もっとも有名だったのが、ブドワル醸造所で造られるブドヴァイゼルビールです(68ページ参照)。意気投合したルートヴィヒとゲーテは、このビールで乾杯したことでしょう。2人は、2か月後、テプリツェから120キロほど離れた、やはりチェコの有名な温泉地カルロヴィ・ヴァリのホテル、グランドホテル・プップ(Grand Hotel Pupp)で再会します。そこが2人が会った最後の場所となりました。

この年には名曲「エリーゼのために」を作曲します。この曲は、ルートヴィヒの愛した女性のひとりで、身分の違いで離れざるを得なかったハンガリー伯爵家の娘テレーゼのために作られた曲とされていました。しかし、最近では、別の女性、ソプラノ歌手のエリザベート・レッケル(夫がワイマールの宮廷指揮者)ではないかという説があります。恋多きルートヴィヒでしたが、彼が亡くなる3日前に、このエリザベートがルートヴィヒを訪問し、ベッドに横たわる彼の額の汗を拭いてくれたのです。彼女の愛称がエリーゼであり、ルートヴィヒの忘れられない女性であったようです。

(9)ヨハン・ヴォルフガング・フォン・ゲーテ(1749〜1832年)ドイツの詩人、劇作家、小説家、自然科学者、政治家、法律家。

難聴の療養のために移り住んだハイリゲンシュタットの住居は、現在ベートーヴェン博物館として公開されている。著者撮影

ハイリゲンシュタットの家で弟たちに宛てて綴った有名な「ハイリゲンシュタットの遺書」。著者撮影

40代になると彼の耳はほとんど聞こえなくなりましたが、そんな中でも作曲を続け、52歳で七年越しに作った代表的な作品、ルートヴィヒ最後の交響曲である「交響曲第9番」や、弟カール(10)が亡くなったあと、その息子を引き取った大変な時期に作った作品「ミサ・ソレムニス」など多くの大作やピアノ・ソナタを残しています。

「交響曲第9番」は、ハイリゲンシュタットのプファールプラッツに住んでいた時に作曲されました。第九は友人たちの努力によりウィーンのケルントナートーア劇場にてルートヴィヒの指揮で初演されました。演奏後、大歓声に包まれた会場でしたが、しかし指揮をしたルートヴィヒには何も聞こえませんでした。その時、舞台に上がっていた女性ソプラノ歌手がルートヴィヒの手を取り振り返らせました。その誘導で会場を見たルートヴィヒは、超満員の観客の大きな拍手に迎えられた喜びを肌で感じる事ができたのです。

56歳になった頃からルートヴィヒの身体は衰弱し、床に就いたきりとなります。これだけ素晴らしい曲を作り、多くの演奏会をこなしてきたにも関わらず、常にお金が伴わず貧乏の日々で、十分な治療もできませんでした。

年が明けた1827年には思いがけない客が訪れます。ルートヴィヒを師と仰いでいたシューベルトでした。ルートヴィヒもシューベルトの作品に感動を覚えていたことから、初めて会うにも関わらず、ふたりは昔から知っているような雰囲気で手を握り合いました。

それから8日後の3月26日、ルートヴィヒ・ヴァン・ベートーヴェンは帰らぬ人となってしまいました。その日のウィーンは雷雲が空を被い荒れ狂った天気で、あたかもルートヴィヒの死を惜しんでいるかのようだったといいます。

(10) カスパール・アントン・カール
(1774～1815年)
ルートヴィヒの4歳下の弟。1815年に亡くなった時に、その息子カールはまだ9歳で、遺書により叔父であるルードヴィヒが引き取って育てた。

苦難の長い道を歩み続け、孤独に生きてきたルートヴィヒ。自分の人生を最後にこんな言葉でしめくくりました。

「諸君、喝采を！　喜劇の終わりだ」

ルートヴィヒの葬儀には、皇帝の葬儀の時より多くのウィーン市民が列席しました。それほど市民に愛されていたのです。

## ルートヴィヒとウィーンの日々

ルートヴィヒが好きだったものに、卵料理とコーヒーがあります。卵6個を使ったオムレツや目玉焼きをよく食べていたようです。ひょっとしてモーツァルトに弟子入りしようと16歳でウィーンに行った時に、憧れのモーツァルトがルートヴィヒに卵料理をふるまってくれ、それからルートヴィヒも卵料理が好きになったのではないかと想像が膨らみます。

ルートヴィヒは、ウィーンの自宅で、好みのコーヒー豆を自分で焙煎して、毎日何杯も飲んでいました。このコーヒーの香りは、若い頃のボンでの楽しい思い出である、ブロイニング家でのピアノのレッスン、そして初恋の女性エレオノーレとの愛の香りだったのでしょう。

ウィーンはベネツィアと並び、ヨーロッパのコーヒー文化の発信の地の一つです。16世紀から17世紀に渡り東方から攻めてきたオスマントルコにより、ウィーンは戦いの場となっていました。１６８３年の攻防戦で14万人のトルコ軍に包囲され、２か月間も砲火にさらされましたがポーランドからの援軍を得たオーストリア軍は形勢を逆転させトルコ軍を追い払いました。その時にトルコ軍は大量のコーヒー豆を置いて逃げたと言われています。

トルコ軍撤退の功績によりコーヒー豆を手に入れたコルシツキー（11）はコーヒー店を開

（11）フランツ・ゲオルグ・コルシツキー
トルコ語に堪能だったセビリア人。トルコ軍の情報を伝えウィーン解放に貢献し、トルコ軍が残したコーヒー豆が与えられ、その後ウィーン最初のカフェ「ブラウエン・フラッツェ」を開業。

店させます。それがウィーンで最初のカフェと言われています。現存する最古のカフェ、1861年創業の「カフェ シュワルツェンベルグ（Café Schwarzenberg）」ですが、ルートヴィヒの時代には、この店はまだありませんでした。

コーヒーは、年月を経てウィーン人には欠かすことのできない飲み物となります。コーヒーの味が濃かったことから、温かいミルクと混ぜ合わせ飲まれていました。その飲み方をメランジェと言います。日本で呼ばれるウィンナーコーヒーはホイップクリームを浮かせたものですが、これは、ウィーンではカフェ・ミット・シュラッグオーバース（Kafe mit Schlagobers）と言います。コーヒーと同量のホイップクリームを入れたアインシュペナー（Einspänner）は、馬車に乗った時に揺られてコーヒーがあふれ出ないように工夫された飲み物でした。

ルートヴィヒは引っ越しが大好きで、趣味のようにウィーン市内で40回も引っ越しています。そのうちのひとつハイリゲンシュタットの住まいは、現在ウィーン風ワイン居酒屋「ベートーヴェンハウス・ホイリゲ酒場・マイヤー」として営業されウィーン人や観光客に愛されています。もう一軒それほど離れていない場所にある「遺書」を書いた家は現在博物館となっています。

出身地であるボンの生家は1889年に売却され、解体の危機にさらされますが、ボン新聞社社主の提唱で音楽愛好家たちに呼びかけ、ベートーヴェン・ハウス協会が設立されます。世界中から募金が集められ記念館として買い取られたのです。現在ではウィーンの博物館より多くのものが集められ、世界最大のベートーヴェン博物館となっています。

生誕地ボンにあるベートーヴェンホールの庭に置かれた一風変わったコンクリートの記念碑。ヨーゼフ・カール・シュティーラーによる有名な肖像画を元にしている。
写真：Hans Weingartz

ベートーヴェンがかつて暮らしていた家は、今では人気のホイリゲ（ワイン居酒屋）「マイヤー」として地元の人々や観光客でにぎわっている
撮影：Bwag

ベルリンのティーアガルテンにある記念碑
写真：Tom Imrei

生誕75周年を記念して1845年にボンのミュンスター広場に建立されたベートーヴェン像
撮影：Marcoski

# Kartoffelkuchen

## カルトッフェルクーヘン

### じゃがいものタルト

ルートヴィヒがボンにいた貧しい時代に食べたじゃがいも。時代とともに庶民の食べ物として好まれるようになりました。じゃがいもを使った初の料理本が、1797年にこの地域で出版されています。素朴なじゃがいものタルトは今も人気の料理です。

材料（直径34cm型　6～8人分）

| | |
|---|---|
| じゃがいも | 300g |
| 玉ねぎ | 100g |
| ベーコン | 150g |
| バター | 10g |
| 卵 | 1個 |
| 塩 | 適量 |
| 粒こしょう（粒） | 適量 |
| ナツメグ | 適量 |
| 小麦粉 | 50g |

作り方

1. 皮をむいたじゃがいもをおろし金で細切りにおろしてざるに入れ、水を張ったボウルに入れて10分さらす。
2. ざるを引き上げ、じゃがいもの水分を絞るように手で押し、じゃがいもは他のボウルに入れる。
3. 水分を絞ったボウルの底にたまっているでんぷん質を、じゃがいものボウルに加え、卵、塩、こしょう、ナツメグを加えて混ぜる。
4. 玉ねぎは粗いみじん切りに、ベーコンは細切りにして、バターで炒めて、③に加える。小麦粉を加え、ヘラで全体をよく混ぜ合わせる。
5. バター（分量外）を塗った型に入れ、クッキングシートでふたをして、180℃に熱したオーブンで40分焼く。

〈ヒント〉　ワインのおつまみに、また、サラダを添えてランチの一皿にも。果物を添えてもいいでしょう。ドイツではりんごのムースを添えることもあります。

# Fisch und Ei “Beethoven”

## フィシュ ウント アイ “ベートーヴェン”

## 白身魚とオムレツ料理 ベートーヴェン風

ルートヴィヒの大好きな卵と魚の組み合わせた料理をアレンジしました。こんな料理を実際に作ったかもしれません。

### 材料（1人分）

| | |
|---|---|
| 卵 | 3個 |
| 白身魚切り身（タイ、ヒラメなど） | 80g |
| じゃがいも | 小1個 |
| ピクルス | 適量 |
| トマト | 2個 |
| バター | 大さじ2 |
| 小麦粉 | 適量 |
| 塩、こしょう | 適量 |
| パセリ（みじん切り） | 適量 |

### 作り方

1. じゃがいもはできれば前日に皮ごとゆでておいたものを使うとおいしい。皮をむいて筒切りにする。ピクルス、トマトは食べやすい大きさに切る。
2. 魚を細切りにし、塩、こしょうで下味をつけ、小麦粉をまぶす。
3. フライパンにバターを入れて中火にかけ、じゃがいもと魚を入れて両面に焼き色を付ける。
4. 溶き卵に塩、こしょうで味を入れて、泡立て器でよくかき混ぜたものを③に流し入れ、ピクルス、トマトを加える。
5. 180℃に熱したオーブンで約10分焼く。
6. 皿に盛り付けパセリを振る。

〈ヒント〉 今回はヒラメを使いました。白身魚以外にもサーモンなどでもおいしくできます。大きめのフライパンで薄めに作ると、オーブンを使わなくても火が通ります。お子様にはケチャップを添えても。

# Rindfleischsalat nach Rheinischer Art

## リンドフライッシュサラト ナハ ライニッシャー アルト

### 牛肉のサラダ ライン河風

この地方ならではの珍しい牛肉のサラダです。パーティーなどでは必ずと言っていいほどこの料理テーブルに盛られます。ルートヴィヒもブロイニング家で味わっているはずの料理です。

#### 材料（4人分）

| | |
|---|---|
| 牛もも肉 | 400g |
| 玉ねぎ | 100g |
| ピーマン | 2個 |
| 赤パプリカ | 1/2個 |
| 黄パプリカ | 1/2個 |
| ディルピクルス | 1個 |
| 黒オリーブ | 8個 |
| スタッフドオリーブ | 8個 |
| ケチャップ | 100g |
| カイエンヌペッパー | 適量 |
| 塩、こしょう | 適量 |
| サラダ油 | 適量 |

#### 作り方

1. 牛肉を拍子木切りにし、塩、こしょうで下味をつける。
2. 玉ねぎ、ピーマン、パプリカは薄切りにする。ピクルスは細切り、オリーブは3つに切る。
3. フライパンにサラダ油をひき、①を強火で炒める。焼き色がついたらバットに取り冷ます。
4. ボウルに②と③を入れ、ケチャップとカイエンヌペッパーを加えて混ぜ、塩、こしょうで味を調える。

〈ヒント〉　ディルピクルスは、ディルの風味を生かしたピクルスで、スーパーなどでも買えます。なければ普通のピクルスでも。辛味のカイエンヌペッパーは、少しずつ味見しながら加えてください。甘みはケチャップの量で調節してください。

# Rheinischer Sauerbraten

## ライニシャー ザワーブラーテン

### 牛肉の蒸し煮 ライン河風

ボン周辺の郷土料理です。牛肉の値段が高く一般市民には手の届かなかった時代、馬の肉が使われていました。酢に漬けることで、硬い肉を軟らかく、味をまろやかにする、まさに生活の知恵から生まれた料理です。

材料（4人分）

牛もも肉（塊）……800g
A 水、赤ワイン……各2カップ
　白ワインヴィネガー……1カップ
　玉ねぎ、にんじん……各50g
　長ねぎ……1本
B 粒こしょう、ジュニパーベリー、タイム、ローズマリーなど……各適量
　ローリエ……1枚

トマトペースト……20g
フォン・ド・ヴォー（市販）……2カップ
ブールマニエ……適量
レーズン（ブランデーに漬けておく）……25g
サラダオイル……適量
塩、こしょう……適量
アーモンドスライス……適量

〈ヒント〉 冷蔵庫で1週間ほど保ちますので、大きめの肉の塊で作ることをおすすめします。

作り方

1. 牛肉の塊をタコ糸で縛る。玉ねぎ、にんじんは皮をむいて1cm角に、長ねぎは1cmの長さに切る。
2. 鍋にAを入れて火にかけ、①を入れる。沸騰したら弱火にして、約10分煮て火を止め、そのまま冷ます。
3. 牛肉がつかる大きさの器に移し、Bの香辛料を加え、ふたをして冷蔵庫で3日間マリネする。
4. 牛肉、野菜、漬け汁を分け、牛肉に塩、こしょうをして、鍋にサラダオイルをひき、強火で全体に焼き色をつける。
5. 野菜を加えて炒め、弱火にしてトマトペーストを加える。
6. 漬け汁を加え、強火にして沸騰したら弱火にし、肉がつかる位まで水を加えて煮る。アクを取り除く。
8. 肉を取り出し、煮汁は漉して鍋に戻し、フォン・ド・ヴォーを加え煮詰める。
9. ブールマニエ（小麦粉とバター各20gを良く混ぜ合わせたもの）を加え、泡立て器で混ぜながらとろみをつける。
10. レーズンをブランデーごと加え、塩、こしょうで味を調える。
11. 肉を1cmの厚さに切り、ソースをかけてローストしたアーモンドスライスを散らす。

# Pfälzer Rotweinkuchen

## フェルツァー ロートワインクーヘン

### 赤ワインのケーキ ファルツ地方風

ベートーヴェンの出身地ボンの郊外は、ドイツ屈指の赤ワインの産地でもあります。この地域ならではの赤ワインケーキ、もちろんワインのアルコールは抜けていますから、子供でも大丈夫です。

材料（直径24cm型1個分）

| | |
|---|---|
| 小麦粉 | 250g |
| 砂糖 | 250g |
| バター | 250g |
| 卵 | 4個 |
| 赤ワイン | 125cc |
| ココアパウダー | 大さじ3 |
| シナモンパウダー | 大さじ1 |
| ベーキングパウダー | 大さじ11/2 |
| （コーティング用） | |
| 赤ワイン | 2カップ |
| 粉糖 | 50g |

作り方

1. ボウルに、振るいにかけた小麦粉、常温に戻したバター、砂糖を加え、ヘラで混ぜ合わせる。
2. 別のボウルに赤ワインと卵を入れ、泡立て器でよく混ぜ合わせて、①に加えて混ぜる。
3. ココアパウダー、シナモンパウダー、ベーキングパウダーを加え、軽く混ぜる。
4. ケーキ型の内側にクッキングペーパーを敷き、③を流し込む。170℃に熱したオーブンに入れて1時間焼く。
5. 焼き上がったら、冷ましてから型から外す。
6. 手鍋に赤ワインと粉糖を入れ火にかけ、とろみがでるまで煮詰め、つやを出すように⑤の表面にハケで塗る。

〈ヒント〉 飲み残しの味が変わってしまった赤ワインを使って作られたのが始まりです。火にかけますので高級なワインを使う必要はありません。

## 「交響曲第9番」日本での初演とドイツ人俘虜《ほりょ》

1914年に第1次世界大戦が勃発すると、日英同盟を結んでいた日本は、中国・青島《ちんたお》を拠点に極東に進出していたドイツに宣戦布告します。日本軍は有利な地の利から、圧倒的な兵力を持って臨んだ結果ドイツ軍が降伏。3か月もしないうちに終結します。そして、日本は4600人以上のドイツ兵俘虜を受け入れることになります。

1914年11月16日、その俘虜のうちの324名が船で香川県の多度津港に上陸。丸亀にある本願寺塩屋別院に収容されます。収容所の所長、石井中佐は「我々より文化の進んだ国の俘虜達から学べるものを学ぼう」と、彼らの技術力は日本の発展に必要だと考え、いろいろな分野で自由に活動させました。すると、ヴァイオリニストであったパウル・エンゲルが、ヴァイオリン2台とフルート1台で捕虜楽団を作り、3か月後には寺で演奏会を開きます。「捕虜職業庁」により俘虜による高校生への実施指導も始まります。楽器の作り方から演奏方法、木工製品、ケーキやパン、ソーセージの作り方など、生活に役立つあらゆるものが俘虜たちにより指導されます。特に音楽の面では、エンゲルが多くの日本人に演奏法などを教えています。

ある時、俘虜の料理人によって、この寺の境内で豚一頭を屠殺し解体する作業が行われました。肉のローストからソーセージ作りまで、自分たちのために料理をしたのです。その手さばきの良さと初めて見る料理の数々に、日本人たちはただただ驚かされました。

2年後に丸亀収容所は閉鎖され、四国にあった3つの俘虜収容所がまとまり、新しくできた鳴門の坂東俘虜収容所に移ることになります。

丸亀収容所の最後の演奏会が、1917年3月30日に本願寺で開催されました。その時の様子が俘虜たちによる新聞に掲載され、その新聞は現在ドイツ、ボンのベートーヴェンハウスに保存されています。

鳴門にできた新しい坂東俘虜収容所では、松江豊寿所長の一言により、彼らドイツ人によるパン焼き小屋から、ケーキ屋、肉屋なども作られました。そしてレストランまで開店したのです。

野菜栽培家のシュミットは、ドイツ式栽培法を日本の農業青年たちに指導し、じゃがいも、トマト、キャベツ、ビーツなどを作り始め、ドイツ式の牧場も誕生します。俘虜の指導により、牛乳の生産量は5倍にもなりました。彼らから、栄養と健康についての考え方も学びました。

日本の各地で俘虜による展覧会が催され、ドイツ人俘虜の中の職人たちが腕を振るい、バウムクーヘンやドイツパン、ハム、ソーセージ、何種類もの美しいケーキなどが作られました。展覧会に来た日本人たちは、初めて味わうドイツの食の美味しさに感動を覚えました。

坂東俘虜収容所には2つの楽団がありました。丸亀から来たエンゲル楽団と、徳島から来たハンセン率いる徳島オーケストラです。坂東俘虜収容所での俘虜たちへの温かいサポート、松江所長や坂東の人々に対する信頼や愛情、感謝を込めて、ハンセンとエンゲルは相談し、ベートーヴェンの交響曲第9番「歓喜の歌」(alle Menschen werden Brüder, すべての人々は兄弟になる)が、合唱も入り、全楽章演奏されることになりました。ソプラノ、アルトのパートは女性がいなかったため、エンゲルが男声用に楽譜を書き換えました。

1918年6月1日、坂東俘虜収容所にて歴史に残る大演奏会が開催されました。ベートーヴェンの「交響曲第9番」の日本国内で初演です。

その年の12月にはドイツの敗戦を知ることになります。12月はドイツ人の一番大事な時期、クリスマスですが、この時ばかりは喜んではいられません「我が祖国は敗れた。では諸君、神に感謝し、祈ろう」。沈黙の後、エンゲル楽団は讃美歌ではなくモーツァルトのレクイエムを演奏しました。

日本12か所に散らばる俘虜たちは、ドイツへ帰るか日本にとどまるのか決断を迫られます。

パン職人や、ハム・ソーセージ職人、ビール醸造技術者たちは、日本人のための講習会を開き、日本で技術指導者として働き始めます。まだ日本では肉の扱いが慣れていなかったことから、ホテルで働く料理人もいました。彼らは多くの分野で日本人の職人を育てました。その後、工場ができたり、彼らのおかげで、より良い製品づくりが可能となりました。よく知られている3人の成功者を紹介します。

**ハインリヒ・フロインドリーブ**

解放後、敷島製粉所に就職します。敷島製パンはフロインドリーブが初代技師長に就任し、始めてドイツ風食パン敷島製パンが作られました。その後日本人と結婚。１９２４年に神戸でパン屋を開店しました。

**カール・ユーハイム**

広島で開催された「ドイツ作品展示会」で日本初のバウムクーヘンを出品。会場を訪れた日本人たちを驚かせ、あっという間に売り切れたそうです。解放されると、家族を青島から呼び寄せ、横浜で店を構えます。その翌年関東大震災で店が倒壊し神戸に移住し、新しいケーキ屋を開店しました。

**アウグスト・ローマイヤー**

日本で需要の少なかった豚のロース肉を利用し、日本で初めてロースハムを製造。解放後は東京の帝国ホテルへ就職します。29歳の時、東京でローマイヤー・ソーセージ製作所を立ち上げました。

最後に、エンゲル楽団の指揮者パウル・エンゲルは、多くの日本人に演奏法を指導しました。彼に指導された日本人演奏家たちがエンゲルの意志を受け継いで「徳島エンゲル楽団」を立ち上げ、現在も活動しています。また、坂東俘虜収容所は現在は「ドイツ村公園」となっています。

# 生粋のウィーン人として活躍した「歌曲王」
# フランツ・ペーター・シューベルト

# *Franz Peter Schubert*

1797年1月31日　オーストリア・ウィーン生まれ
1828年11月19日 オーストリア・ウィーンで没

---

ウィーンで生まれ、ウィーンで亡くなった、音楽家には意外と少ない「生粋のウィーンっ子」である。ハイドン、モーツァルト、ベートーヴェンらによって完成された古典派音楽を発展させた、ロマン派初期を代表する作曲家で、600余りの歌曲を作曲し、「歌曲王」と呼ばれている。ベートーヴェンを敬愛していたが、彼を見送った翌年、31歳の若さで病で亡くなり、念願通りベートーヴェンの墓の隣に埋葬された。

古典派とロマン派の架け橋、「ドイツリートの王（歌曲王）」。器楽のジャンルでも、室内楽や交響曲など、現在でもよく演奏される親しみのある楽曲を残しています。シューベルトは生粋のウィーン人ですが、ウィーンで生まれ、ウィーンで亡くなった音楽家は大変珍しく、世界的に有名になったクラシックの大作曲家ではほかに見当たりません。

シューベルトは「清く正しい貧乏音楽家」といったイメージがありますが、彼の短い人生の後半は、友人の借金を代わりに返済したり、食事に行ってもみんなの分を自分が支払ったり、ゆとりがあったようです。

## 音楽一家に生まれ、英才教育を受ける

フランツは、１７９７年1月31日、オーストリアの首都ウィーンで、14人兄弟姉妹の12番目の子として生まれました。パウラッチェン（1）と呼ばれる中庭付き二階建ての長屋のような家に、十数家族とともに暮らしていました。音楽好きの父は学校を経営し、学校のホールでミニコンサートをよく開いていました。母は元料理人で、家庭でもきちんとした料理を作っていました。

11歳の時、ウィーン新聞で宮廷礼拝堂聖歌隊に欠員が出たことを知った父は、「学校の成績も良く、歌もうまいフランツなら必ず合格するだろう。輝かしい将来が約束されたようなものだ」と、フランツに聖歌隊の試験を受けさせ、見事合格します。この頃から、宮廷音楽長であったイタリア人のアントニオ・サリエリからレッスンを受け始めます。サリエリはモーツァルトが宮廷音楽家を目指したときに「モーツァルトを宮廷に入れるべきではない」と、反対した人物でもあります。

（1）パウラッチェン
オープンになった中庭をぐるりと囲むような回廊のある建物を指す。

1810年、13歳の時に、「連弾ピアノのための幻想曲ト長調」を作曲しました。この曲は友人や家族と楽しむために作られました。現在それがフランツの一番古い曲として残っています。

シューベルト家は音楽一家で、兄はこんなことを言っています。「家族で四重奏曲を演奏することは、この上ない楽しみである。フランツは小さいにもかかわらず、父が間違えると『お父さん、ちょっとどこかおかしかったですよ』と訂正を求めるほどであった」。

いつもおいしい料理を作ってくれた母は、15歳の時に病死してしまい、フランツは学校を卒業すると、就職活動をしながら父の学校を手伝っていました。

## ゲーテの詩に曲をつけた10代の日々

17歳の時の10月には、アウグスティーナ教会など2か所で、彼自身の指揮でミサ曲を発表しました。この曲はフランツの初恋の人、テレーゼ（2）が歌っています。2人は何年も交際しましたが、貧乏音楽家のフランツの稼ぎでは2人の生活は無理。彼女はパン職人の男性と結婚してしまいます。その3日後には、フランツ最初のゲーテの詩による歌曲（リート）、「糸を紡ぐグレートヒェン」が発表されました。この日1814年10月19日は「ドイツリートの誕生日」とも呼ばれています。その後、前年から取り掛かっている最初の劇作品オペラ「悪魔の別荘」を完成させています。

この年は、ヨーロッパ中でウィーンに最も注目が集まった年でもあります。オーストリアの宰相メッテルニヒによる、ウィーン会議が開かれたからです。この会議は、ナポレオンによってきしんだヨーロッパの秩序を回復させようと行われました。毎日会議が行われ、夕方からは

（2）テレーゼ・グローブ（1798〜1875年）
フランツの幼なじみであり、初恋の人。魅力的なソプラノボイスを持つ。

ウィーン市第九区(アルザーグルント)にあるシューベルトの生家。
撮影：Bwag

ホーフブルク宮殿敷地内にあるアウグスティーナ教会。14世紀に創設、17世紀に宮廷教会となった。2台のパイプオルガンがある。
撮影：Dennis Jarvis

ゴシック様式のアウグスティーナ教会。ハプスブルク家の結婚式も多く執り行われたことで知られている。
撮影：Diana Ringo

ご婦人方にも楽しんでもらおうと、ダンスパーティーが開かれました。

１８１５年、「ナポレオンがエルバ島を脱出した」との報を受け、各国首脳はすぐさま出国。会議はそこで閉会となってしまいました。1年も近く続いたウィーン会議ですが、ある時、会議に出席しているオーストリアの将軍が、「会議は踊る。されど進まず」と言い出します。この会議の模様が１９３１年のドイツ映画「会議は踊る」になりました。

ウィーンの町が落ち着きを取り戻したその年、フランツは、交響曲やオペラ、ピアノ曲など１３８曲を作曲し、その中には代表作の「野ばら」「魔王」もあります。

翌年19歳で、本格的に出版活動を始め、『ゲーテ歌曲集』を作成します。その本にゲーテからの賞賛の言葉を期待して、フランツの友人が歌曲集をゲーテに送ります。しかし、ゲーテからは一言の返事もなく、楽譜が送り返されてしまいます。28歳の時にも、ゲーテにフランツは直々に手紙を書いています。

「閣下、あなたの詩に作曲しました、これらの歌曲を献呈します」

しかし、ゲーテから返事がないどころか、その日のゲーテの日記にはメンデルスゾーンから送られた楽譜のことは記されていましたが、フランツについては全く書かれていませんでした。それにはいくつかの理由が考えられます。ひとつは、ゲーテの周辺にフランツのリート伴奏を演奏できるピアニストがおらず、曲の真価がわからなかったのではないかということ。もうひとつは、ゲーテの性格。紹介状もなく、いきなり来る相手には、そっけない態度をとるゲーテだったようです。

## 多数の楽曲を残した精力的な20代

20歳の時に、歌曲「鱒」を制作します。ドナウ川やその支流の小川に生息する鱒。「きれいに澄んだ小川に元気に泳ぎ回る鱒。そこに釣り人が来た。その釣り針にかからないようにと願う気持ちも届かず、その鱒は釣り人に釣り上げられてしまう」。そんな光景を描いた、クリスティアン・フリードリヒ・ダニエル・シューバルト（3）の詩に曲を付けました。

次の年、21歳の時には、ハンガリー系の大貴族エステルハージ伯爵の二人の娘に家庭教師として、伯爵の別荘に住み込んで勉強を教えることになります。そのうちに妹のカロリーネに恋こがれますが、身分の違いなどによりこの恋も結ばれませんでした。

フランツとカロリーネの美しくも切ない物語が、1933年にドイツとオーストリアの合同作品「未完成交響楽」として映画になりました。楽聖映画のはしりとなった映画です。

23歳の時、友人と学生集会の部屋にいる時に、巡回にきた警察官に口答えし、悪口を言ったことから拘留されてしまいます。彼の作品がなかなか出版されなかったのは、この拘留がひとつの理由でもあったようです。

26歳の頃から病気で体調に変化が現れますが、それにもかかわらず、いくつもの作品を残しています。「美しき水車小屋の娘」も入院中にできた作品です。「ピアノソナタ」の出版もされました。シュタイアーマルク音楽協会の名誉会員に選ばれたのもその年です。そのお礼としてフランツは交響曲を贈ります。それが「未完成交響曲」でした。しかし、その楽譜は、受け取った協会長ヒュッテンブルンナーが机にしまいこみ、忘れられたまま42年間、フランツの活躍している間は日の目を見ることがありませんでした。

（3）クリスティアン・フリードリヒ・ダニエル・シューバルト（1739～1791年）ドイツ・オーバーゾントハイム（旧ヴュルテンベルク）出身の詩人、音楽家。

次の年、「ロザムンデ」と「死と乙女」が作曲され、楽友協会のコンサートホールで演奏され、2曲とも出版されています。28歳の時、楽友協会の補欠理事に選出され、2年後の30歳で正理事に就任します。

その年は、フランツが師と仰いでいた音楽界の巨匠ベートーヴェンがこの世を去ります。1週間前に初めて会い、握手をして感動を覚えたばかりのフランツは大きなショックを受けます。ウィーンで行われた葬儀には2万人もの市民が参列し、その中にはフランツもいました。その時彼は思いました。「僕が死んだら、ベートーヴェンの隣に眠りたい」。

ベートーヴェンもフランツの才能を認めていました。フランツはリート楽譜「美しき水車小屋の娘」を、生前のベートーヴェンに贈っています。それを見たベートーヴェンは「シューベルトには神の火花が宿っている」と言ったほどです。

## 早逝、そしてベートーヴェンの隣に埋葬される

この頃のフランツは、自分の寿命を察知していたかのように、精力的な創作活動をしています。31歳でハイネ詩集と出会い、「ハイネ歌曲集・帰郷」を作ります。この時期には、心の内面を見つめるような作品が多く見られ、「冬の旅」(4)が完成します。この歌曲集について「僕にはこのリート集がどの曲にもまして気に入っている。いずれは君たちも気に入ってくれることだろう」と語っています。「冬の旅」には日本でよく知られる歌「菩提樹」が入っています。

その年の11月、主治医が彼の病名を腸チフスの発病と宣告します。病院で死を待つフランツ。「これは僕のベッドじゃない。ここにはベートーヴェンもいない」。

それから数日後の1828年11月19日、フランツは兄に見守られながら、31歳の若さでこの

(4)「冬の旅」
ドイツの詩人ヴィルヘルム・ミュラーの詩集に曲をつけている。失恋した青年がさすらいの旅に出るという内容で、2部に分かれた24の歌曲で構成されている。フランツに迫る死を予期したかのような作品。

ハプスブルク家が夏の離宮として使用していたシェーンブルン宮殿。「マリア・テレジア・イエロー」と呼ばれている黄色い壁面が特徴的な宮殿の背後には広大な美しい庭園が広がっている。宮殿の大広間はウィーン会議の舞踏会の会場となった。

1812年に設立されたウィーン楽友協会。ウィーンフィルハーモニー管弦楽団の本拠地であり、連日のようにコンサートが開かれている。著者撮影

ウィーン楽友協会の「黄金のホール」とも呼ばれるコンサートホール。すばらしい演奏を最高の音響で聴くことができる。

世を去りました。

ベートーヴェンを愛していたフランツ・シューベルト。願いが叶って、フランツはウィーンの墓地の、ベートーヴェンの石碑の隣に埋葬されています。墓碑には「音楽はここに豊かな宝を埋葬し、さらにもっと素晴らしい希望も埋めた」と刻まれています。

## シューベルトの足跡を探して

ウィーン郊外にある世界最古のシトー会派修道院ハイリゲンクロイツ。フランツは十代の頃ここを訪れ、この教会のために曲を作り、このパイプオルガンで演奏しました。その曲がＣＤで修道院にて販売されています。

また、「菩提樹」の曲の発想を得た場所は、ウィーン郊外のゼーグロッテから、ハイリゲンクロイツ方面へ1キロほど向かったところにある「ホテル・レストラン・ヘルドリッヒスミューレ」です。フランツはこのレストランの周りの菩提樹の木々を見ているうちに、曲の流れを浮かべたようです。現在もあるこの店では「シューベルトメニュー」も用意されています。

ゼーグロッテはウィーンから約15キロも離れた場所にあり、ヨーロッパ最大の地底湖として有名です。もとは石灰岩の地下採掘所でした。その奥に水が溜まり湖となった場所で、観光客が多く訪れる所でもあります。

ちょっと足を延ばしてシューベルトの料理を味わい、周りの菩提樹に目を向けると「泉に沿いて　茂る菩提樹……」の曲が聞こえてくるかもしれません。

フランツは、友達など仲間を呼んだ時には、必ず自分で料理を作っていました。料理人だった母が、時間をかけた料理をきちんと作ってくれていたため、小さい時から料理をする姿と母

ウィーン郊外にあるシトー会修道院ハイリゲンクロイツ。　© オーストリア政府観光局／Volker Preusser

ハイリゲンクロイツ修道院にあるシューベルトが演奏したというオルガン。
著者撮影

シューベルトが「菩提樹」の発想を得たというホテル「ヘルドリッッヒスミューレ」。看板にはシューベルトの肖像画が。
撮影：Mayer Bruno

の味に憧れを持っていたのかもしれません。

20代前半の頃はお金がなかったこともあり、いかに安くできるかを考えたパプリカ風味の料理、グーラッシュ（ハンガリーではグヤーシュGulyás）をよく作ったようです。オーストリアやハンガリーではポピュラーな、豚肉や牛肉を煮込んだ料理ですが、フランツは豚や牛の臓物を肉屋から二束三文で手に入れ、野菜市場でクズ野菜を安く買ってきて、それらにパプリカ粉を加え煮込みました。内臓料理「シューベルト風グーラッシュ」の完成です。仲間たちはそのおいしさに、レシピを知りたがったようですが、常に秘密にしていました。あまりにも安い材料で作ったことから、教えにくかったのかもしれません。

グーラッシュとは、牛飼いとか牛の群れという意味で、彼らが食べていた料理が、そのまま料理名となりました。この料理は１０００年以上前から食べられていたとも言われています。

オスマントルコによってもたらされたパプリカが、ハンガリーで栽培され始めたのは17世紀になってからです。そのパプリカを乾燥させて粉にしたのは１７４８年ハンガリーにおいてでした。現在ではハンガリー料理には欠かせないパプリカ粉、辛いものはインドから、大きめで甘味のあるものは南アメリカから入ってきました。それがオーストリアに伝わりました。

また、フランツはコーヒーが大好きでカフェによく通いました。これもベートーヴェンの影響だったかもしれません。「ツ デン ドライハッケン（Zu den Drei Hacken）」はシューベルトが通っていた唯一現存するウィーン最古のカフェ・レストランです。

シュテファン大聖堂を望むウィーンの雪景色。
© オーストリア政府観光局／Viennaslide

ウィーン中央墓地にあるシューベルトの墓。隣にはベートーヴェンの墓が並ぶ。1888年にヴェーリング墓地（現シューベルト公園）からベートーヴェンとともにここに移された。

ウィーンの市立公園にあるシューベルト像。
撮影：Michael Coghlan

# Rinder Gulasch

## リンダー グラッシュ

### 牛肉のグーラッシュ煮込み

シューベルトが、エステルハージ伯爵家の家庭教師として住み込みをしていた頃、よく出された家庭料理です。食卓で、カロリーヌと向き合って食べたこの料理の味は生涯忘れることがなかったことでしょう。

材料（4人分）

| | |
|---|---|
| 牛もも肉 | 800g |
| A　塩、こしょう、パプリカ粉 | 各適量 |
| 小麦粉 | 適量 |
| 玉ねぎ | 150g |
| にんにく | 1片 |
| B　小麦粉、パプリカ粉 | 各15g |
| トマトペースト | 20g |
| 赤ワイン | 2カップ |
| フォン・ド・ヴォー（市販） | 1カップ |
| C　タイム、クミンシード、ローリエ | 適量 |
| カイエンペッパー | 適量 |
| サラダ油 | 適量 |

作り方

1. 牛肉を50g前後の塊に切り分け、Aを振り、小麦粉をまぶす。
2. 玉ねぎ、にんにくをみじん切りにする。
3. 鍋に油を入れて強火にかけ、①を焼く。しっかりと焼き色が付いたら、弱火にして②を加えて炒める。
4. Bを加え、焦げないように木ベラで混ぜながら軽く炒めたら、トマトペースト、赤ワインを加え、ダマができないようによく混ぜる。
5. Cを加え、赤ワインが半量になるまで弱火で煮詰める。
6. 水500ccを加え、ふたをして約40分煮込む。焦げないように時々ヘラで混ぜる。
7. 肉が柔らかくなったら肉を取り出し、フォン・ド・ヴォーを加えて煮詰める。とろみが出たら塩とこしょうで味を調え、カイエンペッパーで辛味を付ける。
8. 肉を戻して温め、皿に盛り付ける。

〈ヒント〉　カイエンペッパーは少しずつ味見をしながら数回に分け加え、好みの辛さに仕上げてください。

フランツ・ペーター・シューベルト *Franz Peter Schubert*

# Apfel Palatschinken

## アプフェルパラチンケン

### りんごのクレープ巻き

オーストリアやハンガリーでよく作られる家庭的なデザートです。シューベルトはもちろん、多くの音楽家が口にしただろうデザートです。

材料（4人分）

クレープ生地（6～8枚分）

| | |
|---|---|
| 小麦粉 | 75g |
| 砂糖 | 35g |
| 塩 | 1つまみ |
| 牛乳 | 250cc |
| 卵 | 2個 |
| 無塩バター | 15g |
| りんご | 1個 |
| A グラニュー糖 | 大さじ2 |
| シナモンパウダー | 大さじ2 |
| バター | 大さじ4 |
| チョコレートソース（市販） | 適量 |
| 粉糖 | 適量 |

作り方

1. クレープを作る。小麦粉をふるいにかけボウルに入れる。
2. 砂糖、塩、牛乳の半量を加えて泡立て器で混ぜ、卵と残りの牛乳を加え、よく混ぜる。しっかり混ざったらバターを溶かして加える。
3. フライパンにバター（分量外）を薄く塗って弱火にかけ、生地を薄く流し入れ、中火で両面に薄い焼き色を付ける。
4. りんごの皮をむいて、2㎝角に切る。
5. フライパンにバターを入れ、中火にかけてりんごを炒める。
6. 薄い焼き色が付いたら、Aを振る。
7. クレープの中央に⑥をのせ、ロール状に丸める。チョコレートソースと粉糖をかける。

〈ヒント〉 クレープは多めに作って冷凍しておいても。季節によりブルーベリーやいちごを生のまま包んだり、アイスクリームを包んでチョコレートソースかけたりと、いろいろ楽しめます。

# Apfelstrudel
## アプフェルシュトルーデル
### アップルパイウィーン風

りんごの季節には、どこの家庭でも作られるお菓子。ウィーン出身のフランツの大好きなケーキであったでしょう。1696年にハプスブルク家で作られたという最古のレシピが、ウィーンの図書館に保存されているそうです。

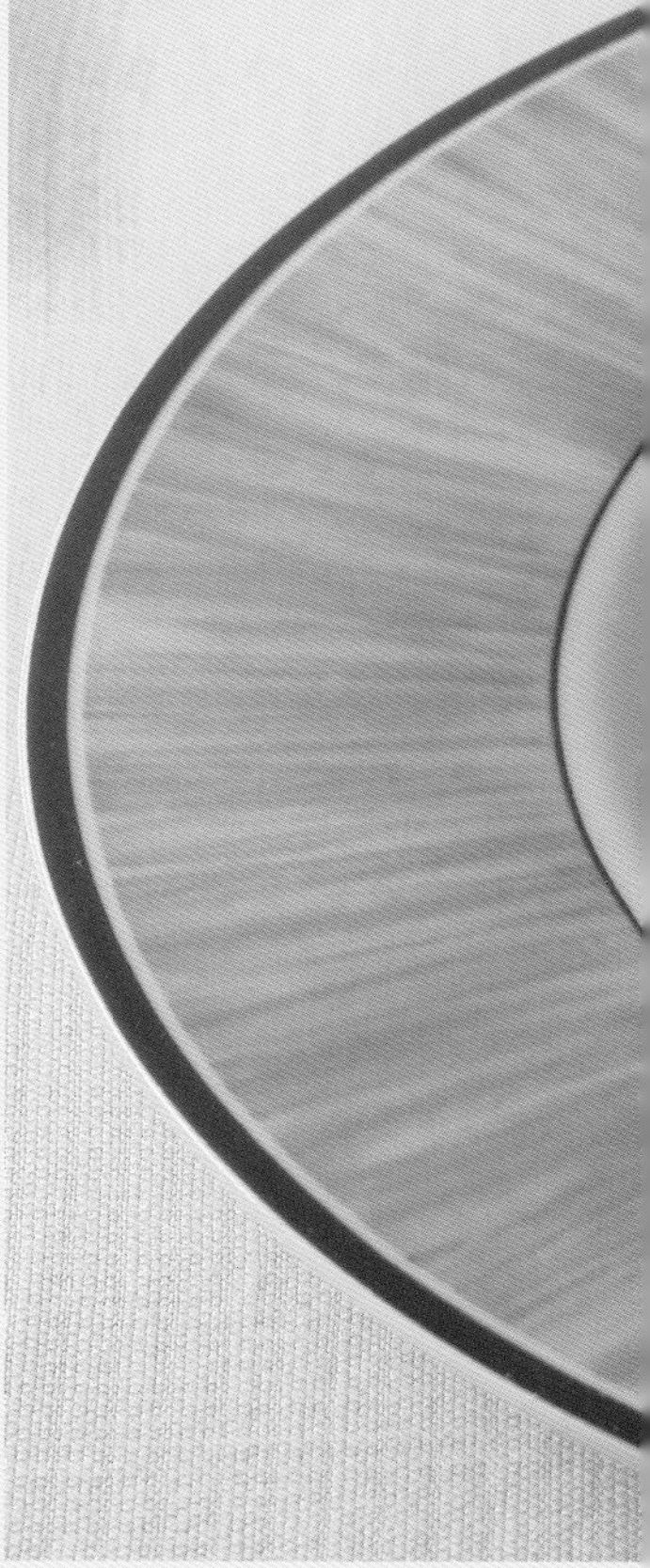

材料（4～6人分）

| 生地 | | 詰めもの | |
|---|---|---|---|
| 薄力粉、強力粉 | 各175g | りんご（紅玉） | 600g |
| 全卵 | 1個 | A　砂糖 | 75g |
| 塩 | 5g | シナモンパウダー | 大さじ1 |
| サラダオイル | 20cc | スライスアーモンド | 20g |
| ぬるま湯 | 150cc | レーズン（ラム酒漬け） | 70g |
| | | 卵黄（溶く） | 適量 |
| | | 溶かしバター | 30g |

作り方

1. 生地を作る。ぬるま湯以外の全ての材料をボウルに入れ、少しずつ湯を加えながら、よく混ぜる。約1時間冷蔵庫で寝かせる。
2. 詰めものを作る。りんごは四等分に切り、皮と種を取って薄くスライスしてボウルに入れる。Aを加え、ゴムベラで混ぜ合わせる。
3. ラップフィルムを広げ、打ち粉（分量外）をして、生地200gを置き、めん棒でなるべく薄く四角く伸ばす。生地の左右両端を2cmをあけ、手前5cmをあけてりんごを中央にのせ、手前からラップごとロール状に丸める。生地の両端をねじって詰め物がこぼれ落ちないようにする。
6. ラップごと生地を持ち上げ、転がすように生地だけ天板にのせ、180℃に熱したオーブンで5分焼く。表面に卵黄を塗って10分焼き、さらに溶かしバターを塗って10分焼く。きれいな焼き色がついたらでき上がり。
7. 切り分けてバニラソースを添える。

バニラソースの作り方

1. ボウルに卵黄4個と砂糖100gを入れ、白くなるまで泡立て器でよく混ぜる。
2. 牛乳250ccを沸騰直前まで温めたものを、①に少しずつ混ぜ合わせる。
3. 小鍋に移し、木ベラで混ぜながら弱火にかける。とろみがついたら火からおろし、冷水で冷やす。バニラエッセンス数滴を加える。

〈ヒント〉　生地を巻く時は、ラップフィルムがなければ大きめの木綿のふきんなどを使います。りんごは酸味があって硬い紅玉がおすすめです。

ライプツィヒを音楽の都へと引き上げた功労者

# フェリックス・メンデルスゾーン・バルトルディ

# *Felix Mendelssohn Bartholdy*

1809年2月3日　ドイツ・ハンブルク生まれ
1847年11月4日　ドイツ・ライプツィヒで没

「真夏の夜の夢」、交響曲「イタリア」など数々の名作を生んだ作曲家。指揮者、ピアニスト、オルガニストとしても活躍した。当時、経済的に苦しい家庭に生まれた子供が音楽家を目指していた中で、メンデルスゾーンは全てに恵まれ、何不自由ない家庭に生まれ育てられた。ユダヤ人であり、ライプツィヒ市民であったのはもちろん、ヨーロッパ中を旅し、各国の音楽や文化をライプツィヒに紹介するという幅広い国際人でもあった。

恵まれた家庭に生まれ、早くから音楽教育を受けたフェリックス・メンデルスゾーンは、神童と言われ、幼い頃から頭角を現していました。また絵画においてもプロの画家がびっくりするほどの作品を残しています。

しかし彼はユダヤ人であったことから、多くの不当な扱いも受けてきました。メンデルスゾーンが他界した3年後、ワーグナーによる著書『音楽におけるユダヤ性』(1)が出版され、「メンデルスゾーンの作品は深く心に訴えかけるものもなければ、高い精神性も感じられない」と凡庸な作品を残した作曲家という評価がなされてしまいます。また、1933年より1945年までの12年間は、メンデルスゾーンの音楽はナチズムによりドイツでの演奏禁止となってしまいます。

戦後、メンデルスゾーンの研究は復活し、没後100年を記念した音楽祭では、廃墟となったライプツィヒのゲヴァントハウスの前にメンデルスゾーンの胸像が飾られました。

指揮者が使う白い指揮棒はメンデルスゾーンが最初に使い始めたことでも知られています。

(1)音楽におけるユダヤ性
最初は、1850年にライプツィヒの「新音楽時報」に論文として発表された。1869年に出版。ユダヤ人音楽家の功績に言及しながらも差別的な中傷が含んでいた。

## 銀行家の家庭で育った裕福な少年時代

フェリックスは1809年2月3日、北ドイツの港町ハンブルクで生まれました。銀行家の裕福な家庭で育ちます。2歳の頃、ナポレオン率いるフランス軍による占領から、経済封鎖にまで追い込まれたことがありますが、それでも父は私財を投入し、野戦病院などに多額の寄付をしました。その後、ハンブルクからベルリンに移ります。

ベルリン郊外に家を構えたメンデルスゾーン家は、広大な館で大人数を収容できるサマーハウスを備え、毎週のように音楽会が開かれていました。

フェリックスは、4歳の頃から母にピアノのレッスンを受け始めます。7歳の頃、ユダヤ人であることを理由に他の子供たちに石を投げられたり、いじめられたりしていることを知った父親は、フェリックスの将来を考え、「今後、余計な障害に合わないよう、ユダヤ教徒からプロテスタントに改宗させよう」と、バルトルディの名をつけさせました。しかしフェリックスはその名を好んで使うことは生涯ありませんでした。

父は、「ユダヤ人であるからこそ、ドイツ人に対し恥をかかない人間性と、誇りを持った人間になってほしい」と願い、人並以上に熱心に教育しました。幼い頃から何人もの家庭教師が付き、絵画や多くの語学を学びます。ラテン語、ギリシャ語、英語、フランス語を流暢に話せるようになります。

8歳の頃には、ベルリンのジングアカデミー監督、カール・フリードリヒ・ツェルターから対位法(2)などを習っています。次の年には人前で演奏するようになります。

12歳の時、ツェルターとともにワイマールへ行き、当時72歳であったウォルフガング・ゲーテに会います。ワイマールに16日間滞在し、ゲーテの前でベートーヴェンやモーツァルトのピアノ曲を毎日何時間も演奏しました。まだ幼いフェリックス少年の人柄とピアノ演奏に、ゲーテは、「この子はモーツァルトをしのいでいる」と心惹かれます。フェリックスはこの時のことを「もしワイマールの街とゲーテに出会わなかったら、私の人生は違ったものになっていただろう」と、振り返り語っています。

父は、実はフェリックスの音楽家希望を大反対していました。大銀行家の父は、当時の音楽家の厳しく辛い生活を一番よく知っていたからかもしれません。フェリックスには、将来は自分の跡を継ぎ、銀行家として落ち着いた人生を歩ませたかったようでした。

(2)対位法
対位法とは、ルネサンス期からバロック初期にかけて確立された音楽理論。複数の旋律を重ね合わせてひとつの曲にする技法。教会音楽とともに発展した。

文豪ゲーテゆかりの地でもあるワイマールの旧市街。ちょうどゲーテハウスの向かいの通りの風景。著者撮影

ゲーテが暮らしていたバロック様式の邸宅。ゲーテハウスは博物館として一般公開されている。

ワイマールの国民劇場前には、文豪ゲーテとドイツ古典主義の詩人シラーの像が立っている。

## ライプツィヒをドイツにおける音楽の首都に

16歳で「弦楽八重奏曲」や、現在では結婚式には欠かせない曲「結婚行進曲」を作曲。この若さで完成度も高く、これだけの名曲を作った作曲家はいないと言われています。

1829年3月11日、ジングアカデミーで国王や多くの著名人が来席する中、弱冠20歳のフェリックスは監督ツェルターの反対を説き伏せ、100年も人々から忘れ去られていたバッハの「マタイ受難曲」を復活演奏します。

この楽譜は、フェリックスが14歳の誕生日に、祖母からプレゼントされたものでした。その楽譜を手に取った時から彼はバッハの虜になっていたのです。それ以来「いつかこの曲を聴衆の前で演奏しよう」と考えていたのでした。この曲との出合いが、音楽家の道を本格的に進む指針だったのかもしれません。

この日は音楽史上記念すべき日となり、19世紀におけるバッハの再評価と重要性を決定づけました。その12年後には、バッハのゆかりの地、ライプツィヒの聖トーマス教会でまたもフェリックスにより再演されます。

この頃から、まだ誰も使用していなかった指揮棒タクトを使い始めます。当時、その指揮棒が珍しく、フェリックスは目新しい指揮者としてロンドンで大変な人気となりました。

1832年からの2年間はウィーンやイタリア各地を訪れ、絵を描いたり作曲をしたり、その時に作曲した「ピアノ協奏曲第1番ト短調」はフェリックスの初恋の人、ミュンヘンに住む17歳のピアニスト、デルフィーネ・フォン・シャウロート(3)に捧げられました。

26歳で、ライプツィヒ・ゲヴァントハウス・オーケストラの指揮者としてデビューします。

(3)デルフィーネ・フォン・シャウロート
(1813～1887年)
ドイツ・マグデブルク出身の作曲家、ピアニスト。

ライプツィヒの中心部に位置する旧市庁舎。現在ライプツィヒ歴史博物館として公開されており、ゲーテの銅像のある裏手の広場は市民の憩いの場となっている。

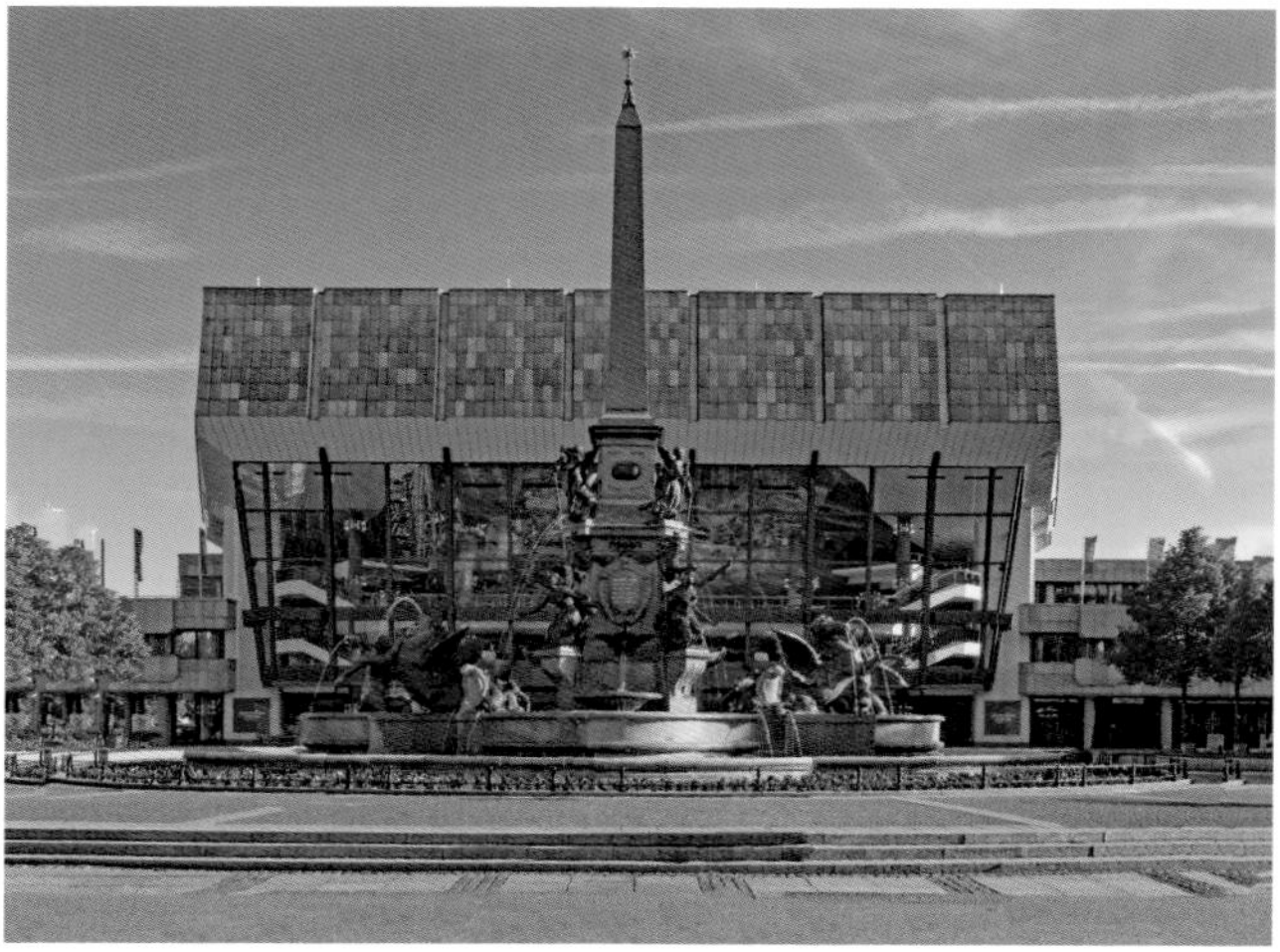

ライプツィヒのコンサートホール、ゲヴァントハウス。世界最古の民間オーケストラといわれるゲヴァントハウス管弦楽団の本拠地であり、ホール正面には1886年に完成した噴水「メンデの泉」が、戦前の面影を今に伝えている。

フェリックスは家族に向けこんな手紙を書いています。「このオーケストラはとても良いです。音楽性も高く半年後にはもっと良くなると思います。これまで2回のリハーサルで、団員が僕の注意をどれほどの愛情と注意を持って受け入れ、即座に応じてくれたことはとても感動させられました。『静かな海と楽しい航海』の演奏は素晴らしかったですよ。ホールもオーケストラも一瞬静まり、それからアダージョ全巻を堂々と演奏したのです。聴衆は大喝采でした」

フェリックスは忘れ去られた作品を、聴衆が楽しめるようにと努め、バッハを始め、ヘンデル、ハイドン、モーツァルトなどの作品を重点的に取り上げます。現代音楽としてはシューマンやリスト、ベルリオーズなどの音楽も演奏しました。シューマンが見つけたシューベルトの遺作、交響曲第8番ハ長調「ザ・グレート」(4)の初演もフェリックスによるものです。

フェリックスは責任感が強く、オーケストラの団員達の給料向上を目指し、市当局ともやり合います。その事実が、イグナッツ・モシェレス(5)(チェコ出身の作曲家でピアニスト)宛てに書いた手紙の中に記されています。「相変わらず、ひどい金銭問題に悩まされています。市当局の俗物どもは、ライプツィヒはパリのような芸術の町と言いながら、その町の楽団員のメンバーが食えなくても、当然のように受け止めています。私は、彼らのためにより待遇の良い他のオーケストラに宛てて、何通もの推薦状を書き続ける始末です」。モシェレスもフェリックスと同じユダヤ人、そして商人の子で裕福な家庭に育っています。育った環境が似ており、話が合うのでした。

以後、彼は音楽活動の全てに渡って多大な貢献をし、ライプツィヒを「ドイツにおける音楽の首都」にまで地位を引き上げました。

27歳の時、母にこんな手紙をかいています。「ライプツィヒでの仕事と地位によって、やっ

(4)交響曲ハ長調「ザ・グレート」
シューベルトは生前6曲の交響曲を残したが、死後に新たな楽譜が見つかり、年代順の順番と音楽学者による分類が異なっている。「ザ・グレート」を9番とする表記もある。

(5)イグナッツ・モシェレス
(1794〜1870年)チェコ・プラハ出身の音楽家。ウィーン、ロンドンで活躍後、フェリックスが1843年に設立したライプツィヒ音楽学院の講師となり、彼の没後は音楽院の長となる。

とドイツ国内に根をおろして音楽活動ができるようになりました。家族を養うために外国へ行く必要がなくなったようです」。

## 結婚、そして「ライプツィヒ音楽院」設立

同じ年、イタリアからロッシーニがフランクフルトのロートシルド家（6）に来ることを知り、ロッシーニに会うためにフランクフルトへ行きます。

ロートシルドの家は、フランスに行ってワイン造りで成功したボルドーワインのドメーヌである、シャトー・ムートンロートシルドとラフィット・ロートシルド、そしてアメリカへ渡ったロスチャイルド家の先代です。ロートシルド家とフェリックスの家は祖父の代から親しく、父が銀行家であったことからこそ生まれた関係でありました。

ロッシーニは、イタリアではよく知られたグルメでした。当時、音楽家で高級料理をいつでも口にできたのはドイツのフェリックス、そしてイタリアのロッシーニぐらいだったでしょう。

その時のロートシルド家のパーティでも、多くの高級料理がテーブルに並べられました。フランクフルト近隣のワイン産地からは、リースリング種のワインが取り寄せられました。ワインを片手にフェリックスは、フランス人牧師の娘、20歳のセシル・ジャンルノー（7）と話が弾みます。セシルに一目惚れしたフェリックスは、数か月後、フランクフルトの教会で結婚式を挙げます。その半年後にはライプツィヒに戻り、生涯において5人の子供を授かります。自宅には音楽サロンを作り、当時の世界的な芸術家や名士達、シューマン夫妻、リスト、ショパン、ベルリオーズなどの集まる場所となります。

１８４０年には、ザクセン王アウグスト二世の命を受け音楽学校の創設計画を始めます。ラ

（6）ロートシルド家
英語読みではロスチャイルド家。ヨーロッパの財閥。古銭商人から伯爵家お抱えの銀行家となり、ナポレオン戦争で財を得たマイアー・アムシェル・ロートシルド（１７４４～１８１２年）が基盤を作った。

（7）セシル・ジャンルノー
（１８１７～１８５３年）
フランクフルトのフランス人プロテスタントの牧師の娘。かなりの美貌の持ち主だった。フェリックスとの間に5人の子供をもうけた（3男2女）。

イプツィヒのカフェ　バウムでよく音楽の話で盛り上がっていた、友人のロベルト・シューマンにこの話を持ちかけ、協力をあおぎます。「ドイツにおける音楽家の向上を我々の手で実現させよう」と、シューマンは喜んで協力を承諾しました。今の音楽教育は総合的に学べないこと、才能があっても裕福な家庭でなければ音楽を学ぶことができないなど、フェリックスは自ら王に学校建設の必要性を訴え、資金の援助も願い出ます。

そして、１８４３年4月2日、ライプツィヒにドイツで初めての音楽学校「ライプツィヒ音楽院」が、ゲヴァントハウスの中庭に誕生しました。フェリックスは学長として、芸術監督、作曲などを手掛け、ピアノ担当はシューマンが引き受けます。

## 晩年の仕事と、彼の多大な功績

１８４１年には、新しいプロイセン王に即位したヴィルヘルム四世がフェリックスをベルリンに呼びよせます。家族全員でベルリンに移りますが、ベルリンの空気が合わないことを知り、2年でライプツィヒに戻ります。

１８４３年には、シェイクスピアの「真夏の夜の夢」の作曲が完成し、ポツダム宮殿にて初演されました。十代の頃、姉のファニー、レベッカと読んで感動した作品でした。その作曲を17年後に完成させたのです。

１８４６年から翌年にかけて、ゲヴァントハウスで指揮をしますが、それが彼の愛するライプツィヒでの最後の仕事となります。その演奏後、10度目のイギリスに行き、長年に渡って総監督をしていたバーミンガム音楽祭において、オラトリオ「エリヤ」を指揮して初演します。イギリスからの帰国途中の5月、最愛の姉で同じ音楽家であったファニーが突然亡くなったこ

メンデルスゾーンが設立した「ライプツィヒ音楽院」。現在は「フェリックス・メンデルスゾーン・バルトルディ音楽演劇大学」として多くの学生が学んでいる。
写真：Appaloosa

ポツダムの新宮殿は、ベルサイユ宮殿をモデルにした後期バロック様式の建物で1769年に完成した
© GNTB / Florian Trykowski

ポツダムのサンスーシ公園にある新宮殿
© GNTB / Florian Trykowski

とを知ります。それ以来フェリックスは、深い悲しみから抜け出すことはできず、その5か月後の１８４７年11月４日、姉ファニーの後を追うように38歳の若さで自宅にてこの世を去ります。

その年の冬にはメンデルスゾーンを偲ぶ「追悼コンサート」がライプツィヒはもちろんのこと、パリやロンドン、ウィーンなどで行われました。

その後、父が設立したメンデルスゾーン銀行は、ユダヤ人経営であったことから、ナチスによる迫害で１９３９年閉店に追い込まれてしまいました。

ナチスにより破壊されたメンデルスゾーン記念碑は、１９９０年のドイツ東西統一後、ゲヴァントハウスのホールに建てられました。

また、フェリックスの住まいであった家は、東ドイツ時代のゲヴァントハウス最後の指揮者、クルト・マズアにより修復され、「メンデルスゾーンハウス」として１９９７年に完成しました。この募金にあたり、マズアの夫人が日本人であったことから、日本からの募金も多く集まりました。クルト・マズアは、ベルリンの壁崩壊を導いた東西ドイツ統一の立役者とも言われています。統一後アメリカに渡り、ニューヨーク・フィルハーモニックの音楽監督に就任しています。２０１１年９月にはドイツでの最後の指揮とされる演奏会が、地元ライプツィヒ・ゲヴァントハウスにて行われました。著者はその演奏会に出席し、彼の最後の演奏を楽しみました。

メンデルスゾーンが1845年に移り住んだ後期ビーダーマイヤー様式の住居「メンデルスゾーンハウス」。現在は博物館として公開されている。

メンデルスゾーンハウスでは、毎週日曜日に音楽サロンでコンサートが開かれている。

博物館では、メンデルスゾーンが使用していた家具や調度品もそのままに当時の内装が復元された。

絵画にも才能があったメンデルスゾーンの晩年の水彩画。「ルツェルンの眺め」1847年

# Buletten

## ブーレッテン

### ベルリン風ハンバーグ

ベルリンの居酒屋では、これが大きなお皿に山盛り盛られ、ビールのおつまみによく食べられています。メンデルスゾーンは、ベルリンの町をあまり好きにはなれなかったようでしたが、このハンバーグはきっと口にしたことでしょう。

材料（8〜10個分）

| | |
|---|---|
| 牛ひき肉 | 400g |
| 豚ひき肉 | 200g |
| 硬くなったパン（バケットなど） | 2切 |
| 玉ねぎ（みじん切り） | 50g |
| A 卵 | 2個 |
| 塩、こしょう | 適量 |
| ナツメグ | 適量 |
| マジョラム | 小さじ1/2 |
| サラダ油 | 適量 |

作り方

1. パンをたっぷりの水に10分ほど漬けてふやかす。
2. ボウルに牛肉と豚肉を入れ、水分をしっかり絞った①、玉ねぎを加えてよく練る。ねばりが出たら、Aを加えてさらによく混ぜる。
3. フライパンに油を入れて中火にかけ、②を小さめの丸い形に整えたものを焼く。何度か返しながら、両面に強めの焼き色をつけ、中はソフトになるように焼く。

〈ヒント〉 焼く時に何度も裏返して、少しずつ焼き色を強くするのがコツです。ソースなしでもおいしいですが、お子様にはケチャップ、大人にはマスタードを添えると、よりおいしく召し上がれます。

# Hamburger Beefsteak mit Zwiebeln
## ハンブルガー ビーフステーキ ミット ツウィーベルン
### 牛肉のステーキ ハンブルク風

小さい時にハンブルクからベルリンに移りましたが、母親がよく作ってくれたステーキです。ハンブルガーと記されているのはハンブルク風という意味で、ハンバーグではありません。この地域のレストランでは魚料理にも記載されます。

材料（1人分）

| | |
|---|---|
| 牛フィレ肉 | 180g |
| 玉ねぎ | 100g |
| バター | 50g |
| 塩、こしょう | 適量 |

作り方

1. 肉の両面に塩、こしょうを振り、下味をつける。
2. フライパンにバターを1/3量入れ、強火にかけ肉の両面を焼き、180℃に熱したオーブンで5分焼く。アルミ箔に包み、余熱でミディアム状態にする。
3. 玉ねぎをスライスし、同じフライパンに残りのバターを入れ、中火で炒める。茶色になるまでじっくりと炒めるのがコツ。
4. 肉を皿にのせ、③を肉の上にたっぷりと盛る。

〈ヒント〉　簡単なステーキですが玉ねぎの甘みが味わいを豊かにしてくれます。玉ねぎを炒めるバターは多めに使ってください。オーブンがない場合は、肉の厚みをを半分にするか、100g前後の肉を使用すればフライパンだけで十分に火が通ります。

# Hühnerfrikasse nach DDR Art

## ヒュンナーフリカッセ ナフ デーデーエル アルト

### チキンのクリーム煮 東ドイツ風

DDRとはドイツ民主共和国、かつての東ドイツのこと。ライプツィヒやその周辺で作られる、チキンとホワイトアスパラガスを使った家庭料理です。フェリックスも好んだ料理のひとつではないでしょうか。

## 材料（4人分）

| | |
|---|---|
| 鶏胸肉 | 600g |
| 玉ねぎ（スライス） | 100g |
| ローリエ | 1枚 |
| ソース用 | |
| 　バター | 30g |
| 　小麦粉 | 30g |
| マッシュルーム | 100g |
| バター | 大さじ1 |
| ホワイトアスパラガス | 4本 |
| レモン（国産） | 1個 |
| 生クリーム（乳脂肪30%以上） | 1カップ |
| 卵黄 | 1個 |
| 塩、こしょう | 適量 |
| 　白ワイン | 1カップ |
| 砂糖 | 1つまみ |

## 作り方

1. 鶏胸肉の皮を取り除き、よく水洗いする。
2. 鍋に鶏肉を入れ、浸る程度の水を加え火にかける。沸騰したら弱火にして、玉ねぎとローリエを加える。
3. 鶏肉に火が通ったら、肉を取り出し、ゆで汁は冷ます。
4. 小鍋にバター30gを入れて弱火にかけバターが透き通ってきたら小麦粉を加え木ベラでよく混ぜる。よく混ざったら火からおろし粗熱を取る。
5. 4にゆで汁少々を加え、泡立て器でよくかき混ぜながら、とろみがでるまで弱火にかける。
6. マッシュルームを4等分に切り、フライパンにバターを入れ強火で炒め、⑤に加える。アスパラガスは皮をむいてゆでたものを、食べやすい長さに切って加える。
7. レモンの皮をおろし金ですりおろし加え、レモン汁も少量加える。
8. 鶏肉を大き目のぶつ切りにして加える。
9. 生クリームと卵黄を混ぜ合わせたものを加え、弱火で温める。沸騰させないこと。塩、こしょうで味を調える。

〈ヒント〉 生のホワイトアスパラガスが手に入らない時は缶詰をお使いください。その場合缶詰に入っている汁も少し入れるとよりおいしくなります。グリーンアスパラガスを利用してもいいでしょう。

# Käsekuchen nach Großmutters Art

## ケーゼクーヘン ナフ グロースムターズ アルト

### チーズケーキ おばあちゃん風

ハンブルク、ベルリンと家族で住んでいた頃、フェリックスの家庭でもよく作られていたことでしょう。今でもドイツのおばあちゃんがよく作ってくれる家庭的なケーキです。

材料（直径21cmのタルト型1台分）

タルト生地

- 小麦粉 …… 250g
- 砂糖 …… 125g
- バター（室温に戻す） …… 125g
- ベーキングパウダー …… 5g

チーズフィーリング

- フレッシュチーズ※ …… 750g
- 砂糖 …… 240g
- バター（室温に戻す） …… 125g
- 卵 …… 5個
- バニラエッセンス …… 数滴
- レモン汁 …… 少々

※マスカルポーネ、カッテージチーズなど

作り方

1. タルト生地を作る。ボウルに全ての材料を入れ、手で良く混ぜ合わせ、まとまったら、冷蔵庫で1時間寝かせる。
2. タルト型にバターを塗り、生地を少しずつ薄く張り付けるように内側をおおう。
3. フィリングを作る。卵は卵黄と卵白に分けておく。
4. ボウルに砂糖、バター、卵黄、バニラエッセンスを入れ、泡立て器でよく混ぜる。
5. チーズを加えて混ぜ、クリーミーになったらレモン汁を加える。
6. 卵白を固く泡立て、メレンゲ状にして5に加え、さっくり混ぜ合わせる。
7. ②のタルト型に⑥を流し入れ、180℃に温めたオーブンで約1時間焼く。
8. よく冷やしてから切り分ける。

〈ヒント〉 タルト型は底も周りも取り外せるものを使うと、取り出しやすく便利です。

# 日本人作曲家、滝廉太郎の海外留学

メンデルスゾーンの設立したライプツィヒ音楽院には日本の作曲家、滝廉太郎が日本人として初めて入学しました。

1901年4月、廉太郎21歳の時、横浜から船に乗りドイツへと出発します。日本人の音楽家として2人目の外国への留学の旅でした（初の音楽留学をしたのは廉太郎の師でもあった幸田延という音楽家）。ドイツ最古の音楽学校ライプツィヒ音楽院に入学します。5か月ほどたった11月、肺結核を発病し現地の病院に入院します。

長い間病院での治療が続きますが、容態は一向に良くならず、翌年の7月には帰国を余儀なくされてしまいます。7月10日ドイツを経ち、ロンドン経由で横浜へ向かいます。帰国したのは10月17日でした。その後父の故郷である大分県にて療養生活を送りますが、翌年1903年6月29日、23歳の若さでこの世を去ります。

ライプツィヒには、廉太郎が住んでいた場所に没後100年の2003年に記念碑が設置されました。

「日本で敬愛されている作曲家、滝廉太郎は、1901年から1902年まで、フェルディナンド通り7番に住み、ライプツィヒ音楽院で学んだ。短い一生の中で彼は数々の名曲を残し、日本の近代音楽の扉を開いた功績は永遠に輝き続ける」と日本語とドイツ語で記されています。

ライプツィヒにある滝廉太郎の記念碑
写真：Geisler Martin

# Frédéric François Chopin

# さまざまな形式、美しい旋律を残したピアノの詩人
# フレデリック・フランソワ・ショパン

1810年3月1日（推定）ポーランド・ジェラゾヴァ・ヴォラ生まれ
1849年10月17日　フランス・パリで没

薄命のピアノ詩人、ショパンは、たった39年の短い生涯の中でさまざまな形式のピアノ音楽を残した。「別れの曲」や「子犬のワルツ」など、現代でも人気が高く、親しまれている音楽家である。美しい旋律と技巧による数々の作品は、それまでのピアノの表現様式を超えて、独自の新しい世界を切り開いた。ショパンは、祖国ポーランドへの愛国心が強く、晩年活躍をしたフランスでも、その精神は失われることはなかった。

「ピアノの詩人」と称されるフレデリック・ショパン。ポーランドの首都ワルシャワ近郊の村で生まれ、4歳でピアノを始めます。ヴォイチェフ・ジヴヌィから指導を受けたのが6歳、8歳で「ポロネーズ」を作曲、天才少年ともてはやされました。彼の奏でる旋律は聴くものを熱狂させる力を持っていました。

## 偏食でひ弱だった幼年時代

フレデリックの父はフランス人で、16歳の頃にポーランドに移住し、たばこ工場で働きます。31歳の時に伯爵の息子のフランス語教師となり、同じ伯爵の家庭で働いていたユスティーナと結婚します。1810年にワルシャワから60キロほど西へ離れた郊外のジェラゾヴァ・ヴォラに移り、フランス文学とフランス語の教師として働き始めたその年に、フレデリックが生まれます。すでに姉が1人いて、その後に2人の妹が生まれます。

母は家庭でよくピアノを弾いていましたが、幼い頃のフレデリックは、その音を聞くと泣き出してしまうほどピアノの音が好きではありませんでした。でも、年が経つにつれ母の弾く音色に自分の身体が反応し、即興演奏をするようになります。フレデリックにピアノの手ほどきをしたのは、3歳年上の姉ルドヴィカでした。6歳の頃からはピアノ教師に就き、本格的なレッスンを始めます。

8歳で「ポロネーズ」を作曲し、天才少年として知れ渡ることとなります。しかし父はフレデリックを天才扱いせず、普通の子として育てます。

13歳で父の勤めていた高校に入り、一般教育を受けますが、同時にポーランドの最高権威であったワルシャワ音楽院長のドイツ人教授エルスナー(1)の指導を受け始めます。

(1)ヨーゼフ・エルスナー（1769〜1854年）
ポーランドの作曲家、音楽教育家。ポーランド語読みで、ユゼフ・エルスネルと表記されることが多い。1823〜1829年にフレデリックに音楽理論と作曲を教え、彼の才能を讃えている。

フレデリックは、小さい頃から病弱で、食事にはあまり興味を示しませんでした。唯一好んで食べたのが田舎風のライ麦パンでしたが、胃腸が弱く、いつも丸薬や煎じ茶を飲んでいました。16歳で入学した高等音楽学校の友人に宛てた手紙には、医者から薬をもらっていることや、オートミールばかり食べていることが書きとめられています。フレデリックの家庭では、アヒルやガチョウ、乳を絞るために牛を飼っていて、何かお祝いごとなどの時にはそれらが食卓を飾りました。アヒルなどの鶏は、毛をむしって丸焼きにするのが、家庭での普通の調理法でした。焼いている間にアヒルからぽたぽたと落ちる脂は、美味なソースとなります。それをパンに付けたり、焼いた肉に付けて食べました。東欧圏ではアヒルの脂をじゃがいもに付けて食べることもあります。アメリカ大陸から来たじゃがいもは、新しい食材としてこの時代一般に出回り始めていました。しかしフレデリックは、肉やじゃがいもには手を付けず、せいぜい魚を食べるくらいでした。

## ロシア軍による故郷ワルシャワの陥落

16歳で「マズルカ風ロンド」を発表。そして、フレデリックが17歳の時、2歳年下の妹エミリアが結核で亡くなります。

この時期から、ポーランド最高の貴族であるラジヴィウ大公は、フレデリックをヨーロッパで知れ渡る音楽家にしようと、邸宅である国際的な音楽サロンに出入りさせます。

18歳になり、初めて外国への旅に出ます。当時すでに国際的な劇場を備え、メンデルスゾーンも活躍していたベルリンでした。フレデリックは、スポンティーニ(2)のオペラをベルリン・フォルクスオーパー（市民劇場）にて観劇し、興奮します。当時、スポンティーニはフランス

(2)ガスパレ・ルイジ・パチフィコ・スポンティーニ（1774〜1851年）イタリアのオペラ作曲家、指揮者。フランス帝国宮廷作曲家としてパリで活躍。

1980年に世界遺産に登録されたワルシャワ歴史地区。第二次世界大戦で瓦礫と化した17~18世紀の街並みを忠実に復元した。

のどかな村ジェラゾヴァ・ヴォラにある、緑に囲まれたショパンの生家。19世紀初頭に消失した建物を復元し、博物館として一般公開している。

ポーランド、ワルシャワにあるショパン博物館。1954年に作られた。

からベルリンに移り宮廷楽長となり、フォルクスオーパーの指揮者として活躍していました。

その頃のベルリンでは、レストランが数多く出現していました。フレデリックが初めて目にする目新しい料理の数々。ちなみに当時パリでは、すでに１０００軒以上の店がありました。


フレデリックの大きな転換期となる20歳の時に、オーケストラ付きの作品、「ドン・ジョヴァンニ」の「お手をどうぞ」の主題による変奏曲を作曲します。ポーランドの暴動がいつ勃発するかもわからない時期となり、当時の音楽教師であったエルスナー教授は、弟子のフレデリックを、前年演奏会を開催して成功を収めた音楽の都ウィーンに送ります。

11月2日、フレデリックはワルシャワを出発し、ドレスデン、プラハを旅し、23日にウィーンに到着します。その６日後にワルシャワでの暴動が勃発。ウィーンでは演奏会を数回開きますが、この蜂起の影響で反ポーランドの風潮が高まり、フレデリックの立場が悪くなり、演奏会でも客が集まらなくなってしまいます。

街角では「ポーランド人を創ったのは神様の間違いだ」といった声が聞かれ、この町から抜け出したい思いに駆られるのでした。その頃のウィーンでは、ヨハン・シュトラウスやヨーゼフ・ランナーのワルツが全盛であり、自分の曲はここでは合わない気持ちにもさせていたようです。また、十分な演奏の機会も得られなかったため、フレデリックはパリ行きを決断することになります。それまでは、有名なケーキ店「デメル」の筋向かいのアパートに住んでいました。現在ではショッピングセンターとなっており石碑に「１８３０年11月〜１８３１年7月までショパンがここに住んだ」と記されています。

１８３１年7月にウィーンを離れ、ミュンヘン経由で、9月初旬にはシュトゥットガルトに入ります。ここでワルシャワが陥落したことを知ります。その時のことを日記にこんな文章で書いています。

「シュトゥットガルトのあちこちの塔の時計が真夜中を告げている。この瞬間にどれほど多くの人が殺されてしまうのだろう……。神よ、あなたは本当においでなのですか。モスクワ人達の犯罪をまだ見足りないのですか。僕はひとりここにいて、何もできない。神よ、地球を揺り動かし、今世界にいる人々をその中に飲み込ませてください」と辛い思いを綴っています。「革命」はこの頃に祖国を思って作られた曲です。

## ウィーンを出て、芸術の都パリへ

そして、ウィーンを出て1年後の7月、パリに到着します。ちょうど「七月革命」で王政が変わった時でした。産業革命が進展し、近代化が進み、現在のパリの街の形がこの頃に造られました。貴族に代わって、産業で成功した実業家や銀行家が音楽家など芸術家のパトロンになり、才能を認められれば高収入を約束される時代が到来しました。パリの街のあちこちのサロンで、頻繁に演奏会も開かれるようになり、19世紀のパリは芸術家たちにとって夢の街であったのです。

フレデリックは、初めてのパリで小さなアパートを借ります。演奏を聴いてくれたリストやロッシーニとも親しくなります。中でもフレデリックに一番興味を持ってくれたのが、パリで活躍していたドイツ人作曲家、フリードリヒ・カルクブレンナー(3)でした。彼のおかげで、31歳の時にパリで初めて演奏会を開くことになり、生活が少しずつ安定してきます。

フレデリックの演奏は、それまでのピアニストと違い、知的で、異国情緒を感じさせ、優美

(3)フリードリヒ・ヴィルヘルム・ミヒャエル・カルクブレンナー
(1785〜1849年)
ドイツのピアニスト、作曲家。フランスで最も有名なピアニスト。

で繊細。その魅力的な演奏技法にパリのご婦人たちは虜になってしまいます。それが縁で、世界有数の大富豪のロスチャイルド男爵夫人のピアノレッスンを破格の謝礼で請け負います。その後も多くの貴族夫人にレッスンを行うことになり、急に高収入となったことから、それまでの安アパートから最高級のアパートに引っ越しています。

## ヨーロッパでの名声とジョルジュ・サンドとの恋

当時ライプツィヒで活躍し、音楽批評誌『ライプツィヒ音楽新報』を立ち上げたロベルト・シューマンが、雑誌の中でフレデリックをこんな言葉で紹介します。

「諸君脱帽したまえ。ここに天才がいる」

それにより、フレデリックの名はドイツを始め、ヨーロッパ中に知れ渡ることとなります。シューマンやメンデルスゾーンとの友人関係が生まれたり、詩人のハインリッヒ・ハイネとも親しくなり、ドイツにも興味を持ち始めます。ハイネは彼のピアノ演奏を聴き、こんなことを言っています。

「ショパンには、言葉の完全な意味で天才という名を与えなければならない。彼は優れた演奏家であるばかりでなく、詩人でもあるのだ」

3年後には、ドイツのライン音楽祭にメンデルスゾーンの招待で参加し、ドイツでの知名度がますます高くなります。その時にドレスデンを訪れていますが、この町を特に気に入り、その後も2度訪れています。

また数年後には、男装で有名な女流作家ジョルジュ・サンド(4)と恋仲になります。2人はマヨルカ島へ保養を兼ねて出かけます。フレデリック28歳、サンド34歳でした。滞在中、サ

(4)ジョルジュ・サンド
(1804〜1876年)
パリ生まれのフランス人作家。デュドヴァン男爵夫人であり、ジョルジュ・サンドはペンネーム。男装して社交界に出入りし「男装の麗人」などと呼ばれた。

スペインのマヨルカ島西部に位置する集落バルデモーサの修道院にショパンとジョルジュ・サンドは滞在していた。

《ジョルジュ・サンドの肖像》ルイージ・カラマッタ　1837年　メトロポリタン美術館蔵

ンドはフレデリックのために尽くし、毎日、魚料理や野菜料理を作っていました。その時に考案されたのが「ジョルジュ・サンド風コンソメスープ」でした。数種類の野菜と鶏で作った澄まし汁です。２人とも白ワインが大好きで、食事の時にはよく飲んでいました。

サンドとの暮らしが始まり、数多くの作品が作曲されましたが、２人の愛はそう長くは続きませんでした。サンドと別れた後、持病であった肺病がよりひどくなり、フレデリックは１８４９年10月17日39歳の若さでこの世を去ります。

フレデリックは大人になっても食にあまり興味を示さず、いつも同じようなものを食べていました。作家のバルザック(5)は、フレデリックと食事を共にした時にこんなことを知人に言っています。

「フレデリックは小鳥のようにちょっぴり、恥じらうようにしか食べなかった」

白身魚をぶつ切りにして野菜と白ワインを鍋に入れ煮込んだものを、「ショパン風ポトフ」と呼んでいますが、当時のポーランド料理はフランス料理の影響を受けつつある時代でした。しかし食材の少ないポーランドは肉不足が長く続き、政府は盛んに魚を普及させようとしていました。ニシンの酢漬けと鯉のフライは、フランス人には一般的に受け入れられた料理でしたが、サフランを魚料理に使ったことは、フランス人をびっくりさせたと言います。

フレデリックは、鶏以外の肉料理は全く食べず、魚のムニエルやワイン蒸しなどを好んで食べていました。貴族がフレデリックを招待した時も、同じような料理を料理人に作らせて、十分満足したと言われています。

(5)オノレ・ド・バルザック（１７９９〜１８５０年）19世紀フランスを代表する小説家。代表作に『ゴリオ爺さん』『谷間の百合』など。

《1829年、ラジヴィウ公のサロンで演奏するフレデリック・ショパン》ヘンリク・シェミラツキによる絵画（1888年）の複製　ポーランド国立図書館所蔵

フランス、パリのペール・ラシェーズ墓地のショパンの墓。
写真 :Monika Neumann

パリ8区にある庭園モンソー公園にはピアノを弾くショパンの像がある。

# Barszcz

## バルシチ

### ビーツのスープ ピエロギパスタ入り

フレデリックが小さいころから好んで飲んでいた故郷ポーランドの郷土料理です。20歳までの間、故郷ワルシャワで家族とともに味わった、思い出深いスープです。

材料（4人分）

ピエロギ
- 餃子またはワンタンの皮……12枚
- しいたけ……4個
- バター……小さじ1
- ザワークラウト……100g

ビーツ……1個
ビーフブイヨン……3カップ
A マジョラム……小さじ1/2
　オールスパイス……1つまみ
塩、こしょう……適量

作り方

1. ピエロギを作る。しいたけの軸を取って薄切りにし、フライパンにバターを入れ、中火で香りが立つ程度に炒める。
2. 餃子の皮の中央に、①とザワークラウトをのせ、餃子を作るように包む。
3. ビーツを皮のまま水から火にかけ、沸騰して30分を目安にゆでる。皮をむいて、千切りにする。
4. ビーフブイヨンに②と③、Aを入れ10分煮る。塩、こしょうで味を調える。

〈ヒント〉　ピエロギの中身は各家庭で違います。肉やじゃがいもを詰めることもあります。日本の餃子をピエロギの代わりに使っても面白い料理になるのではと思います。ご自分の好みでお試しください。

# Flammkuchen

## フラムクーヘン

### ドイツ風ピザ サワークリーム風味

シュトゥットガルトに到着した21歳の9月。そこで祖国ワルシャワの陥落を知ったフレデリック。精神的に辛かったこの頃、街のあちこちの屋台で売られる、焼き立てのフラムクーヘンの香りに癒されたかもしれません。

材料（4〜5人分）

| | |
|---|---|
| 小麦粉 | 250g |
| 生イースト | 7g |
| 牛乳 | 少量 |
| バター | 75g |
| じゃがいも（ゆでたもの） | 100g |
| 塩 | 小さじ1/2 |
| サワークリーム | 小さじ5 |
| キャラウェイシード | 大さじ1 |

作り方

1. ボウルにイーストと少量の小麦粉を入れ、人肌程度に温めた牛乳を加える。軽く混ぜてラップフィルムをかけ、温かいところに30分ほど置いて発酵させる。
2. 別のボウルに残りの小麦粉、塩、バターを入れる。
3. じゃがいもをつぶして②に加え、手でよく練り混ぜる。
4. ①を加えてさらによく混ぜ、生地をラップに包んで、冷蔵庫で30分ほど寝かせる。
5. 冷えた生地を、天板またはフライパンにうすく伸ばして敷き、サワークリームを表面に塗る。
6. キャラウェイシードを全体に振り、200℃に熱したオーブンで約10分間焼く。

〈ヒント〉 キャラウェイシードの代わりにクミンシードを使っても、香りよく美味い。焼き上がりに生ハムやスモークサーモンをのせるとより豪華になります。サワークリームの代わりにフレッシュクリームを塗り、玉ねぎの薄切りとベーコンを細切りをのせて焼くとアルザス地方の「タルト フランベ」になります。

# Consommé “George Sand”

## コンソメー ジョルジュ・サンド

### コンソメスープ ジョルジュサンド風

恋人ジョルジュ・サンドと初めて旅したマヨルカ島。そこで彼女は、野菜ばかりで肉は鶏肉以外食べないフレデリックのために、こんなスープを考案しました。

材料（4人分）

| | |
|---|---|
| 鶏胸肉 | 200g |
| フェンネルの茎 | 50g |
| 長ねぎ | 1/2本 |
| キャベツ | 100g |
| 根セロリ | 50g |
| にんじん | 50g |
| 玉ねぎ | 50g |
| タイム、ローズマリー | 各1枝 |
| ローリエ | 1枚 |
| 塩、こしょう | 適量 |

作り方

1. 鶏胸肉の皮を取り、細切りにする。
2. フェンネル、長ねぎ、キャベツは細切りにする。根セロリ、にんじん、玉ねぎも皮をむき、細切りにする。
3. 鍋に水4カップ、①、②、ハーブを入れて、火にかける。
4. 沸騰したらアクを取り除きながら、約20分煮込み、塩、こしょうで味を調える。

〈ヒント〉 フレデリック好みの薄味のスープです。アレンジとしてカレー粉を加えると、食欲の湧く美味しいスープになります。フェンネルや根セロリがない場合は、代用にセロリを使ってください。

# Pot au feu "Chopin"

## ポット オ フー ショパン

### ショパン風ポトフ

パリでの寂しいひとりの生活のころショパンが自分でよく作った料理です。肉をあまり食べなかったフレデリックらしい、淡白な魚を使ったポトフです。

材料（4人分）

| | |
|---|---|
| ヒメジ切り身（白身魚） | 400g |
| キャベツ | 1/4個 |
| 玉ねぎ（中） | 1個 |
| にんじん | 1本 |
| パプリカ | 1個 |
| セロリ | 1/2本 |
| 長ねぎ | 1本 |
| じゃがいも | 中1個 |
| バター | 大さじ2 |
| にんにく（みじん切り） | 1かけ分 |
| 白ワイン（辛口） | カップ1 |
| サフラン（あれば） | 数枚 |
| 塩、こしょう | 適量 |

作り方

1. 野菜はすべて2cm角くらいに切り揃える。
2. 鍋にバター、にんにくを入れて中火にかけ、①を入れて色がつかない程度に炒める。
3. 2にワインを入れ、沸騰したら水500ccを加え、サフランを入れて弱火で15～20分で煮る。
4. 魚を加え、さらに10-15分煮る。塩、こしょうで味を調える。

〈ヒント〉 サフランがあると色もきれいで風味豊かになりますが、入れなくても大丈夫です。魚はタラやホウボウなどでもおいしく、1種類ではなく数種合わせるとより深い味になります。

## 映画「別れの曲」のショパンの姿

フランスとドイツで1934年に制作されたショパンの映画があります。この映画は著者が大好きな映画のひとつです。実際は映画とだいぶ違うところもありますが、映画のストーリーを簡単に紹介します。

映画「別れの曲」1934年フランス・ドイツ製作
フランス語のタイトル「La Chanson de l´ adieu　別れの歌」
ドイツ語のタイトル「Abschiedswalzer/ Zwei Frauen um Chopin　別れのワルツ・ショパンを愛した二人の女性」
監督／ゲッツァ・フォン・ボルヴァリー

1830年、ポーランドはいつ勃発するかわからないという内戦の危機に立たされていました。ショパンを世に出そうと考えていたエルスナー教授は、ショパンと共に花の都パリへ郵便馬車に乗り出発します。ショパン21歳の時でした。愛し合っていた女性コンスタンツィアとも、別れなければなりません。別れの前日にショパンは最愛のコンスタンツィアのために書いた曲を贈ります。それが「別れの曲」でした。そして「もし僕がパリで成功したら必ず君を呼ぶから、その時は2人でパリで生活しよう」と言葉を残します。

パリに着き、落ち着いた頃に初めてのコンサートを開きます。どういうわけか、会場にはまだ知名度も何もないショパンの演奏を聴こうとたくさんの著名人が集まりました。ビクトル・ユーゴ、アレキサンドル・デュマ、バルザック、そして、当時女流作家としてヨーロッパ中で人気の高かったジョルジュ・サンドまでも。なぜ、名もないポーランド出身の若いピアニストの演奏会にそれだけの人々が集まったのでしょうか。その日の新聞朝刊に「ワルシャワで反乱が起きた」と記事に載りました。そのことが結びつき、フランスの著名人がこぞってワルシャワ出身のショパンに興味を示したからでした。

ショパンは演奏が始まる直前に、祖国で反乱が起きたことを知り、すぐに教授にそのことを知らせます。「教授、演奏会をしている場合ではありません。仲間達は戦っています。我々もすぐに帰らなくては」

教授は既にそのことを知っており、ショパンを落ち着かせるよう努めます。

「ショパン、お前の仲間は武器を持って戦っている。お前はピアノで戦え。ポーランドの自由を勝ち取るために、ヨーロッパ中の人々にピアノで伝えることが、ショパン、お前の役目だ」

すでに司会者が舞台に立っています。そして、ショパンが演奏する曲目の紹介が始まります。「本日はポーランド、ワルシャワよりはるか離れたパリまで、ピアノ演奏のためにはるばる訪れてくれました。ワルシャワの天才ピアニスト、フレデリック・ショパンによるモーツァルトのメヌエットが演奏されます」。

ショパンは宙に浮くような足取りでピアノに向かいます。メヌエットを演奏し始めますが、突然、彼は思いっきり鍵盤をたたき始めます。場内は一瞬騒然となりました。ショパンは自分の曲「革命」を弾き始めたのでした。観客はひそひそと落ち着かない様子でその演奏を聞いています。ショパンは、祖国への思いを胸に、最期まで猛烈な勢いで鍵盤をたたき続けました。

次の日の新聞には、多くの批評家が批判の記事を書きますが、「フィガロ」紙だけには「100年に一度の芸術家」と見出しが書かれ、ショパンを絶賛する記事が載っていました。それを書いたのが、女流作家ジョルジュ・サンドでした。

その後、パリのカフェ・レストランで偶然にサンドと出会い、お互いの魅力に惹かれ、数年後には、相思相愛の仲となります。そのカフェ・レストランは、サンドがよく通った店で、1686年開業の「カフェ・プロコップ（Le Procope）」ではないかと推測されます。

サンドは、ショパンを有名なピアニストとするため、ある手段を考えます。オルレアン公出席の晩餐会で、パリで絶大な人気のピアニストであったリストと、ショパンが一緒にリストの曲を弾くというものです。そこでショパンの演奏家としての魅力が評価され、パリで「ピアノの詩人」として認められます。

サンドと2人でマヨルカ島に旅に出る前日、祖国ワルシャワから女性が訪ねてきます。かつて愛を誓い合ったコンスタンツィアでした。しかし、ショパンの脳裏にはもう全く彼女への思いなどありません。

「コンスタンツィア、パリに何しに来たの？」と、ぼけた質問をします。それに対しコンスタンツィアは、自分はもうショパンの恋人ではないんだと察知し、「ちょうど近くに来たので、エルスナー教授に会いたくて寄ったのです」と、一人寂しくショパンから去っていくのでした。

メトロポリタン美術館蔵

## コンラート・グラーフのピアノ　1838年

19世紀ウィーンを代表するピアノ製作者が、コンラート・グラーフ　Conrad Graf（1782～1851年）です。1824年に宮廷ピアノ製作者の称号を取得。1835年のウィーン工業見本市のピアノ部門で金賞を受賞するなど彼の楽器の評価は高く、ベートーヴェン、シューベルト、シューマン、メンデルスゾーン、ショパン、リスト、ブラームスなどの作曲家、ロシア皇后、ザクセン女王、オーストリア大公なども所有していたといいます。ショパンは1829年ウィーンでのデビューリサイタルにグラーフのピアノを演奏して成功を収めました。写真の1838年製作のピアノは、現代のように金属の支柱がフレームに導入されていません（彼は伝統の音色を守るため、1840年まで木製フレームを固守）。シューマン夫妻の結婚祝いに、1839年製のピアノを贈っているので、シューマンの後期の多くの曲はこれと同様のピアノから生まれたといえます。

# Robert Schumann

# ロベルト・シューマン

## 音楽に詩的、文学的要素を加えたロマンチスト

1810年6月8日　ドイツ・ツヴィッカウ生まれ
1856年7月29日　ドイツ・ボンで没

理想家で夢想家のロマンチスト。既存の楽曲形式に縛られることなく音楽を創った最初の作曲家である。「トロイメライ」「謝肉祭」「蝶々」といったタイトルの曲はクラシック音楽のイメージの枠にとどまらない。音楽家の妻、クララと活動し、8人の子供にも恵まれたが、指を痛めてしまうなどの試練や病気にも悩まされ、最期は療養所で生涯を終えた。音楽家であると同時に、批評家、著述家でもあり、文学と音楽を近づけた功績は大きい。

ロベルト・シューマンは、ドイツ音楽に詩的な時代を作り、音楽教育や家庭音楽に新しい世界を開拓した立役者です。

メンデルスゾーンを神のように敬い、彼のような音楽家になることを生涯の目標としていました。最初はアマチュアの学生として親しんでいた音楽でしたが、ある時「もし私がこの世で何かを成し得るとしたら、それは音楽においてであろう」と目覚めます。

シューマンはピアニストを目指していましたが、人気のあったクララ・ヴィーク（後の夫人）のピアノ演奏を聞き、このままではあのようなピアニストになれないと、指の筋力の弱さを克服するためにトレーニングマシンで鍛え始めます。しかし、それが逆に指を痛める結果になり、ピアノを弾くことができなくなってしまいます。ピアニストとしての夢は消えてしまいましたが、それからは作曲家を目指し、対位法を勉強し、バッハの膨大な作品の中に飛び込みます。その中で、シューマンらしい創造的な才能と批評家精神が目覚めます。書籍業を営む父の影響により、当時の音楽家の中で最も多くの文学書を読んでいたことも影響したようです。

## 音楽と文学に関心を寄せた少年時代

ライプツィヒから南に電車で2時間のところにツヴィッカウという町があります。南東60キロにはチェコの有名な温泉地カルロヴィ・ヴァリ（ドイツ時代はカールス・バード）があり、19世紀には公園のような美しい町と称されていました。

その町でロベルトは１８１０年６月８日に生まれました。父は出版社と書籍商を経営していました。３歳から5歳まで洗礼代母に預けられ、2年半で両親のもとに戻りますが、幼くして母のもとを離れたことから、精神的な不安定さが後々残ります。

7歳の頃から本格的な音楽の勉強を始め、ピアノのレッスンを受けます。シューマン家は経済的に恵まれており、夏にはカルロヴィ・ヴァリの保養地に行くのが習慣になっていました。

1820年、ギムナジウム（日本の中学、高校にあたる）に進みます。この頃から、ロベルトは文学と音楽への関心がふくらみます。12歳の時には、ギムナジウムでオーケストラを結成し指揮者として活躍することもありました。オペラに夢中になったのもこの頃でした。文学でも、スキュランダーのペンネームで「金色の牧場から採れた草花」を発表しています。16歳で、学生オーケストラの独奏者・指揮者として「夕べの音楽会」を定期的に開催しますが、その年の8月、ロベルトの音楽活動を支援してくれた父が病で他界し、サポートがなくなります。「音楽では生活できないから、それは趣味として他の道へ進むように」と、母に助言されます。

## 生涯の伴侶クララ・ヴィークとの出会い

そして、ロベルトは、ライプツィヒ大学の法科に進みました。ライプツィヒは、バッハが長年カントールを務めた聖トーマス教会があり、文豪のゲーテがこの町の中心にあるワイン酒場「アウバッフスケラー」（現在はレストランになっている）を舞台に『ファウスト』を書いたことでも有名です。1650年には、世界初の日刊紙「ライプツィヒ新聞」が刊行され、1719年には楽譜出版社が設立されるほど、文学や音楽の最先端の町でもありました。「ここへ来れば、自分の作曲した曲を買ってくれるかもしれない。出版してくれるかもしれない」と多くの作曲家が集まってきました。

世界初となる市民による自主経営のオーケストラハウス「ゲヴァントハウス」があることでも有名でした。それまでは、音楽家は宮廷での仕事を求めて旅を重ね、音楽は貴族たちの社交

シューマンの生まれたツヴィッカウ近く、チェコ西部にある世界的にも有名な温泉地、カルロヴィ・ヴァリ。

ドイツのザクセン州ツヴィッカウにあるシューマンの生家
写真：André Karwath

シューマンの生家（リトグラフ）作者・制作年不詳

の場である宮廷などに行かなければ聴けませんでした。このゲヴァントハウスオーケストラとホールは市民のためのものであり、音楽のあり方を大きく変えました。

ロベルトは、同じ大学の法科に入学した文学好きのギスベルト・ローゼン（1）と意気投合し、一緒に旅に出ています。バイロイトに立ち寄り、『巨人』や『生意気盛り』の作家ジャン・パウルの墓を訪れます。「ジャン・パウルは僕にとって最高の位置にいる」と尊敬する作家でした。その後ニュルンベルク、アウグスブルクからミュンヘンへ行き、詩人のハインリッヒ・ハイネにも会っています。

法学を学びながらも、音楽を切り離すことのできないロベルトは、その年の夏から、著名なピアノ教師フリードリッヒ・ヴィークにピアノを習い始めます。そこで出会ったのが、ヴィークの娘クララ・ヴィークでした。

クララは父のもとで5歳からピアノを習い始め、その頃9歳ですでに演奏会を開くほどの天才ピアニストでした。父に才能を見込まれ、神童と言われていたクララとロベルトとの技量の差は歴然としていました。

ロベルトにとって音楽は、ますます大きな存在となり、21歳の誕生日には音楽の道に進む決断をします。本格的に音楽を勉強するためにヴィーク家に下宿し、よりたくさんのことを学ぶ決意をします。しかし、ヴィークはロベルトを無視し、娘であるクララへの教育に力を入れるばかりでした。ここにいても仕方がないと、1年後には別の場所に移ります。クララの演奏を目のあたりにしたロベルトは、今のままではクララに勝てないことを察知し、少しでも指の筋力を鍛えようと、指の訓練器を使い努力しました。それが返って彼の指を悪くしてしまうこと

（1）ギスベルト・ローゼン（1808〜1874年）ロベルト同様、ジャン・パウルを崇拝していたことから意気投合。一緒に旅をする。

となり、ピアノを弾くことが難しくなってしまいます。

## 音楽理論や演奏批評での才能を発揮

ロベルトは、作曲家としての仕事に没頭し始めます。好きだった文学から得た刺激が独創的な音楽となって表れ始めます。

その頃、ライプツィヒの町の中心にある「カフェ バウム」（1720年創業）には、若い音楽家達が集まっていました。ロベルトも仕事が終わると毎日そこに立ち寄り、大好きなバイエルンのビールを飲むのが日課となっていました。カフェだけでなく、1800年から料理を提供するようになった店ですが、この頃には料理も種類があったようです。この店でロベルトは、メンデルスゾーンともビールを一緒に飲み、よく音楽談義をしていました。ロベルトは自らの芸術上の理念を広めるために「ダヴィット同盟」(2)を構想し、やがて仲間たちとともに音楽評論雑誌を創刊します。初の出版は次の年の1834年4月3日「ライプツィヒ音楽新報」として刊行されました。

この頃には、ピアノ独奏曲「謝肉祭」作品9を作曲。この劇の中にオイゼビウスとフロレンスタンという名が登場します。ロベルトの内面的分裂を現す架空の二人の人物の名であり、郷愁の優しさ「静」の象徴であるオイゼビウスと、激しい熱意と創造的な熱狂、「動」の象徴がフロレンスタンです。

ロベルトは、パリ、ロンドン、ポーランドやベルギーなどに音楽情報を掲載する画期的な雑誌の活動を続けますが、経営困難となりフリーゼ社に委託され「音楽新報」として再出発しま

(2) ダヴィッド同盟
ロベルトが考え出した架空の同盟であり、保守的な考えにしがみついた古い芸術に対し、新しい芸術を創作する人々の集まりとされる。ロベルトはあたかもこの団体が実在するかのように活動。雑誌で音楽批評などをさせていた。

す。ロベルトは音楽理論、演奏批評、海外レポートなどを執筆し「新しいドイツ音楽の詩的な時代」に向け進みます。当時パリで活躍していた、世界的なピアニストのリストは、ロベルトについてこのように語っています。「シューマンは文学を音楽に近づけた、もっとも重要な音楽家であると同時に著述家であり、そうした種類の先駆者である」

## クララとの婚約。そしてウィーンへ

この頃からロベルトの中で、9歳年下の天才少女ピアニスト、クララ・ヴィークの存在が大きくなります。この時期にはピアノ・ソナタが2曲完成し、そのうちの1曲「フロレスタンとオイゼビウスから」がクララに献呈されます。クララの父のヴィークは、その交際には猛反対し、2人を会わせないよう妨害までしたようです。モーツァルトの女性版として育てられたクララは、12歳でゲヴァントハウスにてデビューし、ワイマールに行ってゲーテの前でも演奏しています。「神童」「天才」と言われ、パリでも演奏会を開くなど、父と一緒にヨーロッパ各地での演奏旅行をしていました。

「わしの大事な娘をシューマンのような、どうなるかわからない人間に渡せるものか」

クララとの断絶は、ロベルトを絶望的な状況にさせ、次第に酒におぼれていくようになります。そんな中、クララが沈黙を破り、自分の演奏会にロベルトを招待します。それからというもの2人の愛はより強くなり、クララの父を無視して婚約をしてしまいます。この間にかわされた手紙は275通にも及びます。クララは、小さい頃からずっとピアノの練習ばかりで、姉妹とも離されてしまった辛さや寂しさを抱え、父を憎んでいた面も多々あったようです。

この頃、フランスの雑誌にリストがロベルトについての記事を書き、ロベルト・シューマンの名はパリでも知られるようになります。

ロベルトとクララはライプツィヒを離れ、将来の活動の舞台を求めウィーンに移ります。ベートーヴェンやシューベルトを尊敬していたこともあり、ウィーンはロベルトの憧れの街でした。ウィーンに滞在中、シューベルトの兄と知り合い、家を訪ねます。そこでシューベルトの使用していた楽譜を見せてもらいます。その中に未発表の作品、交響曲第8番ハ長調「ザ・グレート」を発見します。それをメンデルスゾーンに知らせ、1839年3月21日、メンデルスゾーンがその曲をライプツィヒのゲヴァントハウスで初演し、この曲が世界に知れ渡るきっかけを作りました。

## ウィーンからライプツィヒ、ドレスデンへ

しかし、ウィーンでの生活もクララの父ヴィークの妨害行動により、落ち着くことができず、ライプツィヒに戻らざるを得なくなります。妨害を続けるヴィークとは、法廷にて決着をつけなければならない状態となってしまいます。決着まで1年もかかってしまいましたが1840年8月1日結婚に対する法的許可が下ります。ロベルトの日記には「もっとも幸福な日。闘争が終結」と記されています。その1か月後に、ライプツィヒ郊外のショーネフェルトの教会で、クララの誕生日の前日9月12日に2人は結婚式を挙げました。

当時の状況を描いた映画が存在します。そこで彼らとヴィークとの葛藤を垣間見ることができます。1947年公開の「愛の調べ」(3)です。ピアノ演奏を当時国際的に有名だったポーランド出身のピアニスト、アルトウール・ルービンシュタインがしています。

(3)「愛の調べ」1947年公開のアメリカ映画。現題は「Song of Love」。監督クラレンス・ブラウン。クララ・シューマンをキャサリン・ヘプバーン、シューマンをポール・ヘンリード、ブラームスをロバート・ウォーカーが演じた。

クララと結婚した翌年の、幸福感にあふれていた頃、交響曲第1番「春」が完成しました。2人は理想の音楽に向けて共同作業を行う同志でした。クララは夫の作品を世に出す手助けのためロベルトの作品を演奏し、2人はドイツ各地へと演奏活動の旅に出ます。ロベルトは著述家として、また作曲家として名が知れ渡るようになりますが、観客はロベルトの曲に対してではなく、クララのピアノ演奏の素晴らしさに拍手喝采を送ります。ロベルトはそれに耐えられず、クララに嫉妬することも多かったようです。

1843年には、ライプツィヒのゲヴァントハウス中庭に、ドイツで初めての音楽学校がメンデルスゾーンにより設立されることになりました。そこでメンデルスゾーンは友人でもあるロベルトにピアノと作曲の講師を依頼します。ロベルトは二つ返事で了承し、初めて講師として若者への音楽指導が始まります。

立ち上げた「音楽新報」も初版から10年を迎えたところで、編集から退くことになります。音楽学校の講師も辞め、8人の子供たちを連れ、家族10人の大所帯でドレスデンに移ることになります。

ドレスデンでは対位法研究によるピアノ作品を多数作曲しています。この町での1年間は、ロベルトにとって最も実り豊かな年と言われています。

ドレスデン宮廷劇場の第二指揮者として働いていたワーグナーとの交遊も深めようとしますが、ワーグナーはロベルトの音楽には共感できず、「まるで中身がない」などと酷評するほどでした。ロベルトは後日友人にこんなことを話しています。「私にとってワーグナーは付き合うことのできない男です。確かに才気に長けてはいるが、休みなしに一方的にしゃべり続け、自分のことしか考えないような人間とは付き合うことはできない」

《クララ・ヴィークの肖像》アウグスト・クナイゼル、1838年

『著名作曲家とその作品 第2巻』（J. B. Millett Company刊、1906年発行）の挿絵より、ロベルト・シューマンとクララ・シューマン

Neue

Zeitschrift für Musik.

Herausgegeben
durch einen
Verein von Künstlern und Kunstfreunden.

Erster Band.
(April bis December 1834.)

Mit Beiträgen
von
C. Alexander, C. Banck, C. F. Becker, L. Böhner, A. Bürck, den Davidsbündlern, Dr. Glock, Dr. Heinroth, J. Knorr, Ritter A. Kretzschmer, J. C. Lobe, J. P. Lyser, J. Mainzer, G. Nauenburg, H. Panofka, L. Rellstab, R. Schumann, L. Schunke, Dr. C. Seidel, Dr. K. Stein, Dr. F. Stöpel, F. Wieck u. m. A.

Leipzig,
bei Joh. Ambr. Barth.

ライプツィヒでロベルト・シューマンが創刊した『音楽新報（Neue Zeitschrift für Musik）』

1846年の元旦には、ライプツィヒのゲヴァントハウスにて、ロベルトのピアノ協奏曲が妻クララの独奏で公式に初演されます。

ロベルトは後に、この頃のことをこう回想しています。「僕はほとんどの小品を心のインスピレーションで作曲するのが常だった。ただし1845年からは全作品を頭の中で作曲し始め、完全に新しい作曲法を展開し始めた」

次の年は、ウィーンで新年を迎えます。元旦にはウィーン楽友協会にて、ロベルトの指揮、クララの独奏による「ピアノ協奏曲」と交響曲第1番「春」が演奏されました。素晴らしい成果を遂げたと思われましたが、演奏後の拍手はクララに送られたもので、指揮者であるロベルトには冷ややか。ロベルトにとってここでの演奏会は成功とは言えませんでした。しかし、その後に訪れたプラハでは大成功をおさめています。

ある時、リストがロベルトに会うため、ライプツィヒを訪れます。初めて訪れた音楽の都ライプツィヒを、リストは気に入らず、「ここには伯爵夫人もいなければ王女もいない」と、ロベルトに言いました。音楽に理解のある人間はいないと思ったのです。それを聞いたロベルトは、「この町の貴族は150軒の書店と50軒の印刷所、30の定期刊行物だ」と答え、この町の一般市民の文化度はどこの町より高いことを示したのでした。

## 激動の時代における実り多き作曲家活動

1848年はヨーロッパ激動の時代となります。パリで二月革命（4）が勃発し、ウィーン、ミラノでも革命が起こります。ドイツも不穏な空気に包まれます。

ロベルトは体調を崩しながらも「黒・赤・金」というドイツ自由歌を作曲します。この年に

（4）二月革命
1848年2月、パリに起きた革命。ブルジョア共和派と社会主義者、小市民、労働者が連合し、上層ブルジョア中心の七月王政を倒した。

はパリからリストが再度訪れ、ワーグナーとともに自宅に招待しますが、音楽の方向性の違いから3人は激論となってしまいます。その後も彼らとの関係をどうにか保ちながら、ロベルトは独自の道を歩み、異なった劇音楽の世界を形成していきます。

38歳のロベルトにとって、その年は「もっとも実り多き年」であり、充実した曲が数多く作曲されました。ホルンとピアノのための「アダージョとアレグロ」や混声合唱のための「ロマンスとバラード」、チェロとピアノのための「民謡風の五つの小品」などです。

次の年1849年には、とうとうドレスデンでも革命が起こります。すぐさまロベルト一家は、列車で数十キロ離れたマイセンの友人宅に避難します。その後、デュッセルドルフ管弦楽団の指揮者として迎え入れられ、デュッセルドルフへと家族で移ります。そこでは、交響曲第3番「ライン」を作曲しました。ビールが好きなロベルトでしたが、現在デュッセルドルフが誇る濃い飴色の美味しいアルトビールはまだ存在していませんでした。

## 青年ブラームスとの出会いと晩年

1853年10月1日、ハンブルクから汚れたリュックサックを背負った1人の若者がロベルトの家を訪れます。その若者は夫妻に自分の作曲した作品を手渡し、2人の前でその曲を弾きます。演奏と曲の素晴らしさに、ロベルトとクララは強い感銘を受けます。その若者は、20歳のヨハネス・ブラームスでした。ロベルトはブラームスをとても気に入り、部屋をあてがって1か月も滞在させました。

その間にロベルトは、「音楽新報」にブラームスを紹介する記事を書きました。それに対しブラームスはお礼の手紙を出しています。

「尊敬する先生。あなたは私に限りない厚情をお与えくださいました。この感謝は言葉で申すことができません」

その年の12月にロベルトは管弦楽団の指揮者を辞任します。それから精神的に孤独な生活が始まり、翌年2月頃から激痛を伴う耳鳴りに悩まされます。そんな中で天使が歌う旋律を聴いたロベルトは、ピアノ独奏のための「主題と変奏」（天使の主題に基づく変奏曲）を書き残しています。この曲はロベルトの最後の作品となってしまいました。

幻聴に悩まされ、また度重なる発作などを起こして体調が悪化したロベルトは、クララに心配をかけたくない気持ちから自分で精神病院へ行きますが、医者の説得で一度家に戻ります。冷たい雨が降る翌日、ロベルトは何も言わずに家を飛び出し、ライン河にかかる橋の上から川に身を投げ、自殺を図ります。偶然にも近くにいた船に助けられ一命をとりとめ自宅に帰りますが、その数日後には、ボン郊外のエンデニッヒの療養所での入院生活が始まりました。

妻のクララは、ロベルトの危篤の知らせが届くまで、療養所には一度も行きませんでした。ブラームスは何回かお見舞いに訪れています。そして、入院して2年半が経った7月のある日、クララのもとにロベルト危篤の知らせが届きます。クララはすぐに駆けつけますが、2日後の1856年7月29日、ロベルトはクララの腕の中で静かにこの世を去ります。46歳でした。ロベルトとクララ、そしてブラームスの物語が「クララ・シューマン　愛の協奏曲」(5)として映画化され、2009年のカンヌ国際映画祭とベルリン国際映画祭にて上演されました。

学生時代から覚えた、強い葉巻、そして浴びるように飲んでいたビールやワイン、それらがロベルトの体への負担となり、早死にさせる原因でもあったのかもしれません。

(5)「クララ・シューマン　愛の協奏曲」
2009年公開のドイツ・フランス・ハンガリー合作の映画。原題は「Geliebte Clara（愛する人クララ）」監督ヘルマ・サンダース＝ブラームス。この映画ではクララ・シューマンをマルティナ・ゲデックが演じた。

シューマンが晩年を過ごしたボン郊外にあるエンデニッヒの療養所。　写真：Sir James

ボンの旧墓地にあるシューマン夫妻の墓。ふたりは同じ墓で眠っている。
写真：Mario Storch

シューマンが生まれたツヴィッカウに建つ銅像。写真：robert.linden

1956年にシューマン没後100周年を記念して発行されたドイツの切手。

クララのその後は、ロベルトとの８人もの子供をブラームスの手助けを得ながら育て、演奏活動を再開します。ロベルトとの結婚後は作曲活動を禁止されていましたが、歌曲「三つの歌」やピアノ曲をいくつか作曲し、人生の後半は「芸術家と主婦の立場を両立させたい」との気持ちから、子育てをしながら演奏活動を続け、76歳で世を去りました。

ライプツィヒのインゼル通18番、ロベルトとクララが新婚生活を送った住まいは、現在「シューマンハウスクララ・シューマン小学校」(6)となっており見学ができます。

またライプツィヒの「カフェ・バウム」では、ロベルトが好んで食べたという料理を現在でもメニューに載せてあります。「ポテトのスープ　ザクセン地方風」「豚肉の煮込み　野菜添えクヌーデル団子添え」「生チーズのケーキ」などです。

１８８４年10月から１年間ライプツィヒで過ごした森鴎外も、この店にはよく通っていたようです。

(6)シューマンハウス クララ・シューマン小学校　シューマン夫妻が暮らした住居跡は、シューマンハウス(博物館)として公開されている。小学校が併設されていて、博物館のすぐ隣の部屋から教室になっている。

ツヴィッカウの生家ロベルト・シューマン・ハウス。ロベルトとクララに関するコレクションが展示された博物館として公開されており、「記念の間」には夫妻の遺品である貴重な家具や楽器が置かれている。© GNTB / Matthias Ros

ライプツィヒにあるシューマン・ハウス。ロベルトとクララが幸せな日々を暮らしていた旧宅は博物館として整備されている。

ドイツ最古のカフェといわれる、ライプツィヒのカフェ・バウムは現在も営業している。

# Rinderroulade
## リンダーローラーデ
### 牛肉のロール巻き ライン河風

デュッセルドルフ時代には、ロベルトが何度も口にしている郷土料理です。ドイツ人の大好きな料理のひとつです。マッシュポテトやパスタがよく合います。



材料（4人分）

| | |
|---|---|
| 牛ランプ肉 | 160g×4枚 |
| 玉ねぎ（薄切り） | 100g |
| バター | 大さじ1 |
| マスタード | 大さじ1 |
| ベーコン（スライス） | 4枚 |
| ディルピクルス | 適量 |
| 塩、こしょう | 各適量 |
| サラダ油 | 適量 |
| 香味野菜（玉ねぎ、にんじん、セロリ、にんにく） | あわせて100g |
| タイム、ローズマリー | 各1枝 |
| ベイリーフ | 1枚 |
| 小麦粉 | 20g |
| トマトペースト | 10g |
| 赤ワイン | 1カップ |
| フォン・ド・ヴォー | 1カップ |

作り方

1. 牛肉をたたいて5㎜の厚さに伸ばす。片面に塩、こしょうを振り、マスタードを塗る。
2. フライパンにバターと玉ねぎを入れ、薄く色づくまで中火で炒める。
3. ①に、粗熱を取った2、ベーコン、縦1/2に切ったピクルスをのせ、ロール状に丸め、楊枝で留める。表面に塩、こしょうを振る。
4. 鍋に油を入れて火にかけ、③を入れる。表面に濃い焼き色がついたら、鍋から肉を一度取り出す。
5. ④の鍋に香味野菜のぶつ切りを加えて炒め、小麦粉を振り入れる。焦げないようによく混ぜて炒めたら、トマトペーストを加える。
6. 肉を戻して、赤ワイン、ハーブ類を加えて弱火で煮る。赤ワインが半量になったら水1カップを加え、ふたをしてさらに30分煮る。
7. 肉を鍋から取り出し皿に盛る。煮汁を煮詰めてフォン・ド・ヴォーを加え、再度10分煮てトロミが出たら塩、こしょうで味を調えて、肉にかける。

# Sächsische Pilzsuppe

## ゼヒシッシェ ピルツズッペ

### きのこのスープ ザクセン地方風

ロベルトが子供の頃、秋になると近くの森で採集したきのこを使って、母が作ってくれた懐かしい故郷のスープです。

材料（4人分）

| | |
|---|---|
| きのこ（数種類） | あわせて100g |
| サラダ油 | 小さじ1 |
| 玉ねぎ | 10g |
| ベーコン | 10g |
| 小麦粉 | 10g |
| チキンブイヨン | 4カップ |
| じゃがいも（ゆでたもの） | 100g |
| 生クリーム | 40cc |
| 塩、こしょう | 各適量 |

作り方

1. きのこは1cm角くらいの大きさに切り揃える。玉ねぎはみじん切り、ベーコンも小さめの角切りにする。
2. 鍋に油を入れ弱火にかけ、①を入れて軽く炒める。
3. ②に小麦粉を加え、色が付かないように炒める。一度火からおろし粗熱を取る。
4. ③にチキンブイヨンを加え、よく混ぜ合わせる。強火にかけ、沸騰したら弱火にして15分煮る。
5. じゃがいもを1cmの角切りにして加え、生クリームを入れ、塩、こしょうで味を調える。

〈ヒント〉 きのこは旬のもの、好みのものを4～5種類合わせると、味に深みが出ます。今回使ったきのこは、マッシュルーム、しいたけ、本しめじ、まいたけ、エリンギです。チキンブイヨンは熱いものではなく、ぬるめで鍋に加えるとダマができにくくなります。

# Apfelkuchen mit Sahneguss

## アプフェルクーヘン ミット ザーネグース

### りんごとサワークリームのケーキ

ドイツではりんごが一番ポピュラーな果物。家庭でよく作るりんごケーキです。ドイツには多種多様なりんごケーキのレシピが存在します。

材料（28cm x28cmの鉄板1台分）

| | |
|---|---|
| 無塩バター | 125g |
| 砂糖 | 125g |
| 卵 | 3個 |
| 小麦粉 | 200g |
| バニラエッセンス | 少量 |
| 塩 | 1つまみ |
| ベーキングパウダー | 3g |
| 牛乳 | 少々 |
| りんご | 3個（大きい場合は2個） |
| サワークリーム | 150cc |
| 生クリーム | 150cc |
| 砂糖 | 50g |
| シナモンパウダー | 大さじ2 |

作り方

1. ボウルにバター入れて室温に戻し、砂糖を加え、泡立て器でフワッとなるまでよく混ぜる。
2. 卵を1個ずつ加え、滑らかになったらまた1個と加えて混ぜる。
3. ふるいにかけた小麦粉を数度に分けて加え、ヘラで混ぜる。
4. バニラエッセンス、塩、ベーキングパウダーも加えよく混ぜる。生地がかたいようなら、牛乳を少々加える。
5. 天板にクッキングシートを敷き、③を流し入れる。
6. りんごの皮をむき、種を取り除いて半切りにし、縦に薄くスライスしたものを⑤の上に並べる。
7. ボウルにサワークリーム、生クリーム、砂糖を入れてよく混ぜ、りんごの上に流す。シナモンを振り、200℃に熱したオーブンで約20分焼く。冷ましてから切り分ける。

# Leipziger Lerche

## ライプツィガー レアヒェ

### ライプツィヒのヒバリクッキー

ロベルトの時代、ヒバリの料理はライプツィヒの名物料理でしたが、1876年ヒバリ禁猟令が発布され料理が食べられなくなります。ある菓子職人が考案したのが、ヒバリの巣の形をしたこのクッキー。それがいつしかライプツィヒの銘菓となりました。

材料（直径5cmのタルト型4個分）

（生地）

| | |
|---|---|
| 小麦粉 | 250g |
| 卵 | 1個 |
| ブランデー | 大さじ1 |
| 砂糖 | 70g |
| 塩 | 1つまみ |
| バター | 125g |

（フィリング）

| | |
|---|---|
| バター | 125g |
| 粉砂糖 | 150g |
| 小麦粉 | 75g |
| 強力粉 | 大さじ1 |
| 卵黄 | 1個 |
| 卵白 | 4個 |
| アーモンド（粗挽き） | 150g |
| アプリコットジャム | 250g |

〈ヒント〉 ジャムは、ざるなどで濾してなめらかにすると塗りやすくなります。

## 作り方

1. 生地を作る。ボウルに小麦粉をふるいにかけながら入れる。
2. 卵、ブランデー、塩、砂糖を加えて混ぜる。
3. 室温に戻したバターを加えよく混ぜ、まとめる。ラップフィルムで包み、30分涼しい場所で寝かせる。
4. フィリングを作る。別のボウルに室温に戻したバターを入れ、クリーム状になるまで混ぜ、粉砂糖を加えて混ぜる。
5. さらに卵黄、小麦粉と強力粉、アーモンドを加えて混ぜる。
6. 卵白を別のボウルで7分泡立てにしたものを、⑤にさっくりと混ぜる。
7. ③の生地を5㎜の厚さに伸ばし、バター(分量外)を塗った型に敷く。
8. アプリコットジャムの半量を⑦に同量ずつ入れ、⑥を器いっぱいまで流し入れる。
9. 残りの生地を細く切り、十字に貼りつけ、180℃に熱したオーブンに入れ約20分焼く。焼き上がりの表面に残りのアプリコットジャムを塗る。冷めたら型から外す。

# フランツ・リスト

## ヨーロッパ各地から世界を渡り歩いたピアノの魔術師

# *Franz Liszt*

1811年10月22日 ハンガリー・ドボルヤーン生まれ
1886年7月31日 ドイツ・バイロイトで没

---

ピアノの魔術師、リスト。出生地ドボルヤーン(現在のオーストリア共和国ブルゲンラント州ライディング)は、当時オーストリア支配下のハンガリー帝国の領地だった。ハンガリー出身の作曲家でありながら、1822年にこの地を離れてから、リストはハンガリーに住むことはなかった。ウィーン、パリ、ワイマール、ローマと各都市に暮らし、ヨーロッパ以外でも活動したリストは、西洋音楽史上もっともコスモポリタンな音楽家かもしれない。

「ピアノの魔術師」と言われるフランツ・リスト。現在においてもまだ、彼を超えるピアニストは現れていないとまで言われています。その技巧から「彼の指は6本あるのではないか」と言う噂があるほどでした。

ピアノ曲に始まり、管弦楽曲から交響詩、40歳の頃からは宗教的な声楽曲に取り組みます。「天才は社会の役に立たねばならない」はリストの口癖です。

リストは、郵便馬車しか交通手段が無い時代に、想像できないほどの距離を演奏活動で巡り、人生のほとんどを旅に費やしました。ヨーロッパはもちろんのこと、サンクトペテルブルク、モスクワ、コンスタンチノープル、ジブラルタルまでも訪ねています。

## ベートーヴェンにも認められたその才能

フランツは、オーストリア国境沿いのハンガリーの村ドボルヤーン(1)で、1811年10月22日に生まれました。父はハンガリー人、母はオーストリア人で、父はハンガリーの貴族エステルハージ家に仕え、ピアノやヴァイオリンの演奏もしていました。家族で話す言葉はドイツ語でしたが、フランツは青年になった頃から、フランス語も流暢に話せるようになっていました。

6歳で父親からピアノの手ほどきを受けたフランツは、すぐに才能を現し、2年後にはバッハやモーツァルトの曲を弾けるようになります。9歳の時にはショプロン(2)で演奏会を開きます。その2か月後にはブラチスラヴァ(3)で演奏し、6人もの貴族から奨学金をもらうことになります。

11歳の時、その奨学金でリスト一家はウィーンに移り、フランツはウィーン音楽院で研鑽を

(1)ドボルヤーン
当時のオーストリア帝国領内ハンガリー王国ショプロン県ドボルヤーンは、現在のオーストリア共和国ブルゲンラント州ライディング。

(2)ショプロン
ハンガリー北西南端に位置し、オーストリア州ブルゲンラント州に接している。ハンガリーでありながら、オーストリア文化の影響が近い。

(3)ブラチスラヴァ
1993年にチェコと分離・独立して主権国家となった、スロバキアの首都。オーストリア、ハンガリーとの国境近くに位置する。ドナウ河畔に広がる旧市街が美しい。

積みます。次の年にはパリへ行き、翌年には歌劇「ドン・サンシュ、または愛の館」を書き上げ、上演されます。

その後ウィーンへ戻り、演奏会を開催します。その演奏の素晴らしさに、かの巨匠ベートーヴェンは舞台に上がり、フランツにキスをして絶賛したと言われています。

15歳の時に父が死去し、フランツがピアノ教師として家計を支える事になります。

19歳の時には、フランス7月革命〝栄光の3日間〟によって社会の現実を再認識しました。その現実に向き合い作曲したのが「革命交響曲」（未完）でした。革命で傷ついた英雄たちへの悲痛な哀歌でもありました。

## 女性ファンに囲まれ、恋多き青年時代

20歳の時、イタリア人ヴァイオリニスト、ニコロ・パガニーニ（4）の演奏を聴き、感銘を受けて超絶技巧を目指し始めます。ベルリオーズ、ショパン、シューマン達との親交も深く、音楽的にも多くの影響を受けています。

当時のフランツはアイドル的な存在であり、女性ファンが多く、演奏会の時には失神した女性が続出したこともあります。ファンのひとりでもあった女流作家のジョルジュ・サンドとは、親しい友人関係として交際をしていました。恋愛関係でも、常に多くの女性との噂が絶えませんでした。

24歳の時、パリでは社交界の花とも言われた、年上のマリー・ダグー伯爵夫人（5）との恋は激しいものとなりました。2人でスイスのジュネーヴへ逃避行までし、その後10年間の同棲

（4）ニコロ・パガニーニ
（1782〜1840年）イタリア・ジェノバ出身のヴァイオリニスト、作曲家。ヴァイオリンの超絶技巧者として知られ、「ヴァイオリンの鬼才」と称された。

（5）マリー・ダグー
（1805〜1876年）フランクフルト出身。ワーグナーが最後に結婚したコジマの母。

オーストリア、ライディングにあるリストの生家。現在は記念館となっている。
撮影：Bwag

《コンサートで演奏するリスト》テオドール・ホーゼマン、1842年

《マリー・ダグー伯爵夫人の肖像》アンリ・ラマン、1843年　カルナヴァレ美術館蔵

生活を送ります。フランツが30歳の時には、ボンから南へ10数キロ離れたライン河に浮かぶ小さな島、ノネンヴェルトのホテルで3人の子供たちと3年間過ごしています。次女は、ハンス・フォン・ビューローと結婚し、その後、ワーグナー夫人となるコジマでした。

ノネンヴェルトには、12世紀に建てられたベネディクト会の修道院がありました。その修道院が1821年にホテルとなり、現在ではフランシスコ会学校になっています。修道院の面影が残る建物での生活で、フランツは「ノネンヴェルトの僧房」を作曲しています。

27歳の時には、ハンガリーが洪水で大きな被害が出たことを知り、ウィーンに出向いて演奏会を10回も開き、その演奏料をハンガリーに寄付しています。

当時ヨーロッパで女性ピアニストとして大人気のあったクララ・ヴィークは、フランツの演奏を聞き、演奏の素晴らしさを伝えています。

「彼はほかのどんな演奏家とも比較できません。彼は恐れと驚きを引き起こします。彼はピアノと一体化しています」

## 多くの仕事をしたワイマールでの10年間

30歳の時には、ベルリンとポツダムで3か月の間に21回も演奏会が開かれ、大成功を収めます。その地を去る時には、フランツは白馬にまたがり、さながら国王のようでありました。その姿を一目見ようと群衆が押し寄せたほどです。

当時まだ無名のチェコのピアニスト、十代のベドルジハ・スメタナ（6）の才能を見抜いたのもフランツでした。スメタナがワイマールにあるリスト家を訪ねた時には、彼をひとりの音

（6）ベドルジハ・スメタナ（1824～1884年）チェコの作曲家、指揮者、ピアニスト。交響詩「モルダウ」が有名。

ライン河に浮かぶ小島ノネンヴェルト。
写真：Labradormix

ハンガリー人の画家ムンカーチ・ミハーイのパリの自宅の豪華な音楽部屋では、リストも時折演奏した。
《音楽室》ムンカーチ・ミハーイ、1878年
メトロポリタン美術館蔵

楽家として音楽仲間や知人たちに紹介しています。

１８４４年、マリーとは別れてしまいます。１８４７年、36歳の時に、演奏旅行先のキエフで、コンサートを聴きに来た8歳年下の大地主カロリーネ・ヴィトゲンシュタイン公爵夫人（7）が、フランツの音楽的才能に深く感激します。カロリーネは教養深く、結婚後1年で別居していたこともあり、ふたりはすぐに恋に落ちてしまい同棲を始めます。この女性カロリーネは、後にフランツの大きな手助けをしてくれることとなります。

次の年には、フランツはワイマールの宮廷楽長に就任し、作曲の仕事に専念します。作曲家として最も活躍した時代がこのワイマール時代の10年間でした。

１８５０年にはフランツの指揮で、友人のワーグナーの作品「ローエングリン」がワイマールで初演されますが、その結果は「騒々しく悪趣味なワーグナーの音楽を支持した」として貴族たちからは酷評されます。

当時のワイマールは、ゲーテやシラーが活躍し、ドイツ古典主義の文化的中心地でありました。フランツは、ゲーテの生誕１００周年記念祭、ゲーテとシラー像の序幕式、シラー生誕１００周年記念祭などの祝典に曲を作りました。それらがここでの最も重要な仕事でした。48歳の時には、全ドイツ音楽協会がライプツィヒに設立され、フランツが会長に就任します。そして、ワイマール宮廷楽長を辞任した2年後、１８６１年には愛人カロリーネと共にローマに移住します。

## ヨーロッパ各地を飛び回った晩年

ローマ移住後に完成したのが、オラトリオ「聖エリーザベトの伝説」です。フランツは、

（7）カロリーネ・ヴィトゲンシュタイン公爵夫人
（１８１９～１８８７年）帝政ロシアのドイツ系上級貴族ザイン＝ヴィトゲンシュタイン＝ルートヴィヒスブルク家の侯子ニコラウスの妻。１８８５年にニコラウスと離婚しリストの終生の伴侶となった。

1855年にバッハの生家のあるアイゼナハへ行き、ヴァルトブルク城内を見学。そこで聖女エリーザベトの生涯を描いた、モーリッツ・フォン・シュヴィント作のフレスコ画で飾られた「エリーザベトの間」(8)を観て感銘を受けます。フランツと同じハンガリー出身の王女として生まれたエリーザベト。まだ4歳という幼い時にテューリンゲン辺境伯の息子ヘルマンと結婚するためにやってきたのは13世紀のこと。しかし、そのヘルマンは若くして死んでしまい、エリーザベトは14歳でヘルマンの弟ルートヴィヒと結婚をします。王妃となってからはその地位を利用して貧しい人々を助ける努力をします。食糧飢饉の時は城の食糧庫を解放したり、自分の宝石を売り、そのお金を分け与えたりと生涯を通じて市民のために働きました。しかしわずか24歳で生涯を閉じてしまい、その後聖女に列せられました。

「エリーザベトの間」のフレスコ画に描かれたその物語から、新しい曲のインスピレーションを得たフランツは、ワイマール時代の後期から作曲に取り組んできました。ようやく完成したオラトリオ「聖エリーザベトの伝説」は、ヴァルトブルク城の修復が終わった1867年、祝宴の間ではフランツの指揮によって初演されました。

その年には、オーストリア・ハンガリー二重帝国が成立し、フランツ・ヨーゼフが国王となります。ブダペストのマチャーシュ教会において、フランツがそのために作曲した「ハンガリー戴冠式ミサ」が初演され、ヨーゼフの戴冠式が行われました。

62歳の時、ワイマールのヘルダー教会にて、娘のコジマとワーグナーの出席のもと、フランツの指揮で初演された「キリスト」はイエスの降誕から復活までを描いた作品でした。

1878年にはバイロイトへ、そこからパリに行きパリ万国博覧会(9)の審査委員を務めます。6月にはエアフルトで行われた音楽祭にも参加します。

(8)エリーザベトの間
短い生涯を貧しい人々を救うために捧げた聖エリーザベト(1207〜1231年)の一生が描かれたモザイク画が、壁と天井を埋め尽くしている。

(9)パリ万国博覧会
パリで開催された国際博覧会。第1回が1855年に開かれ、リストが参加した1878年は第3回目。36か国が参加し会期中に1616万人が来場した。

晩年のフランツの作品は、10分以上の長いピアノ曲は減り、短く無調的になり深みのある音楽が増えてきます。69歳になると5分を上回る曲はほとんど無くなります。

1881年の4月には、ブタペスト、ブラチスラバ、ウィーン、ベルリンを、5月にはカールスルーエ、アントワープ、マグデブルクを訪れ、大歓迎を受けます。7月にワイマールの知人宅の階段から落ちて大けがをしてしまいます。それが後々にフランツの体調に響くことになります。

それでも9月にはバイロイトを訪れ、10月にはローマに行き、70歳の誕生日を祝いました。その頃すでにフランツは、慢性の心臓病や白内障などを患っていて、老体にかなりの負担がかかっていましたが、毎日コニャックやワインを飲み、酒量も増えていました。アルコール度が高く質が悪いアブサン(10)も飲んでいたといいます。そんな身体でもフランツは精力的な活動を行い、73歳ではウィーンに行き、ブラームスの演奏会を聞き、5月にはワイマールで全ドイツ音楽協会の演奏会に出席し、「栄えよ、ポーランド」とビューローの交響詩「ニルヴァーナ」の指揮をします。指揮は、これが最後のものとなりました。

1885年、74歳で「無調のバガテル」で永年求め続けていた無調音楽(11)を完成させました。次の年も多忙な日々を送ります。75歳の誕生祝いがヨーロッパ各地で催され、1月にローマを出発、フィレンツェ、ベネツィア、ブタペスト、ウィーン、パリ、ロンドンまで出かけます。5月にはワイマールに着き、娘でワーグナー夫人となったコジマと会います。その後、コジマの娘で孫となるダニエラの結婚式に出席するためバイロイトに行きます。6月にはゾンマーハウゼンでの全ドイツ音楽協会の集会に出席し、その後、ルクセンブルクへ音楽協会に頼まれ演

(10) アブサン
ヨーロッパ各国で作られる薬草のリキュールのひとつ。アルコール度数が70％前後と高い。水を加えると白濁する。

(11) 無調音楽
音楽の一般的な調性のルール（ある主音を中心に他の音が秩序づけられ、従属的な関係がある）を無視した成り立ちの曲。調性がないので聴いていて不安感があるが、20世紀の芸術音楽の概念のひとつとなった。

奏をしています。その時の曲は「愛の夢」第1番と、ショパンのポーランド歌曲の編曲「ウィーンの夜会」第6番でした。これが彼の人生最後の演奏でした。

体調が悪いにもかかわらず、電車に乗って夜遅くにフランクフルトに到着。そこで夜行列車に乗り換え、娘のいるバイロイトに向かい、到着したときは高熱を発症し、容態が悪化していました。それでもワーグナー亡き後の音楽祭に出かけます。「トリスタンとイゾルデ」を観劇し、舞台に上がり観衆にあいさつをします。それが公衆に見せたフランツ・リスト最後の姿でした。

その5日後にこん睡状態に陥り、次の日の1886年7月31日、息を引き取りました。

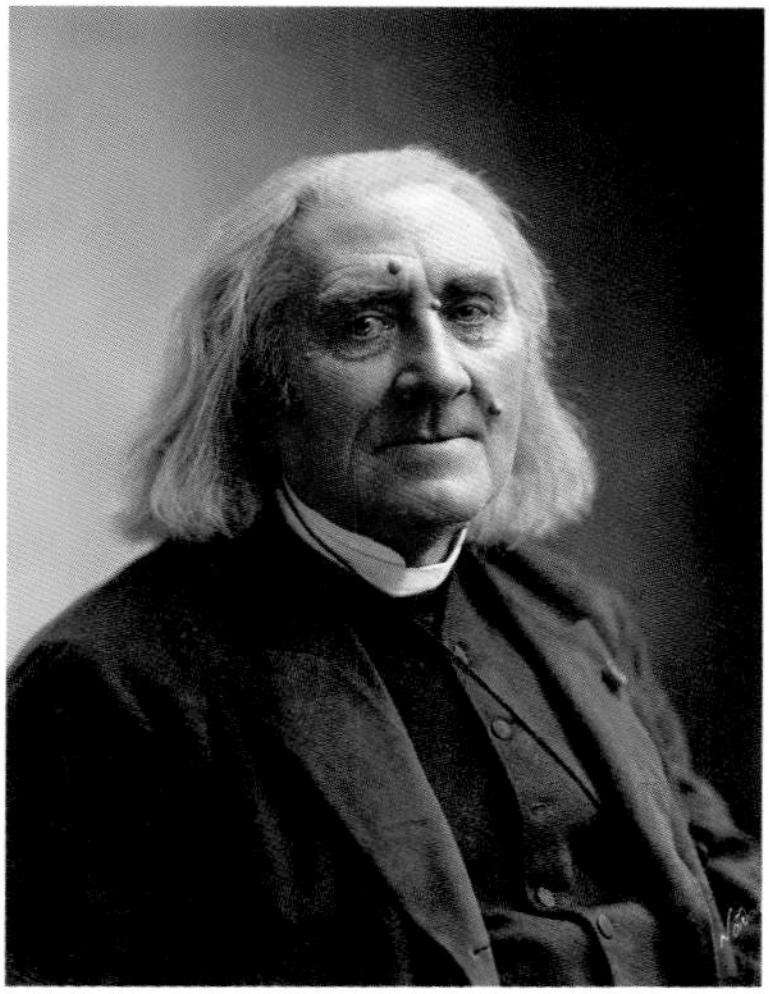

《晩年のフランツ・リスト》
撮影：ナダール、1886年

ドイツ、バイロイトにあるリストの墓。
写真：Ag Andras

《フランツ・リストと教え子たち》
撮影：ルイス・ヘルド、1884年

1875年にフランツ・リストがハンガリーのブダペストに創立したリスト音楽院。
写真：Thaler Tamas

1872年創立のワイマールにあるワイマール・フランツリスト音楽大学。
写真：Dundak

# Ungarische Krautwickel

## ウンガリシェ クラウトウィッケル

### ロールキャベツ ハンガリー風

懐かしい故郷、ハンガリーの家庭の味。ロールキャベツは母の手料理の中でも、フランツが好きな食べ物のひとつでした。

材料（4人分）

| | |
|---|---|
| キャベツの葉 | 8枚 |
| あいびき肉 | 500g |
| 硬めにゆでた米 | 100g |
| 玉ねぎ | 100g |
| にんにく | 1かけ |
| ベーコン | 50g |
| 卵 | 1個 |
| A 塩、こしょう | 各適量 |
| パプリカパウダー | 適量 |
| マジョラム | 小さじ1/2 |
| パプリカ（赤、黄） | 各1/2個 |
| ラード | 小さじ2 |
| ブイヨン | カップ2 |
| サワークリーム | カップ1/2 |

作り方

1. キャベツの葉を一枚ずつはがして、沸騰したお湯で30秒ほどゆでる。
2. 玉ねぎとにんにくはみじん切りに、ベーコンは小さな角切りにして、フライパンにラードを半量入れ、軽く炒める。
3. ボウルにひき肉とごはんを入れ、粗熱を取った②と卵を加え、よく練り混ぜる。Aを加え、さらに混ぜる。
4. ③を4等分にして、①で巻くように包む。
5. 鍋に残りのラードをひき、細切りにしたパプリカを軽く炒め、火を止める。④のロールキャベツを並べ、ブイヨンを加えて再び火にかける。沸騰したら弱火にして、ふたをして15分煮込む。
6. ロールキャベツを取り出し、皿に盛る。パプリカを上に飾り、スープを注ぎ、サワークリームをかける。

〈ヒント〉 ゆで米は、余ったごはんを洗って代用していただいて構いません。ブイヨンはビーフでもチキンでもOKですが、薄めにしてお使いください。パプリカの色は赤と黄色の両方でなくても、手に入るもので大丈夫です。

# Борщ

## ボルシチ

### ウクライナのボルシチスープ

ボルシチは実はウクライナ生まれ。36歳の時に出会った、ウクライナの大地主カロリーヌ・ヴィトゲンシュタイン公爵夫人が作る手料理の中のひとつ、異国情緒あふれるスープをフランツはどんな気持ちで食べていたのでしょう。

材料（4人分）

| | |
|---|---|
| 牛肉 | 400g |
| ローリエ | 1枚 |
| 塩 | 1つまみ |
| ビーツ | 200g |
| にんにく | 1かけ |
| 玉ねぎ | 100g |
| バター | 大さじ1 |
| A 赤ワインビネガー | 大さじ1 |
| 　砂糖、塩 | 各少々 |
| 　黒こしょう | 適量 |
| キャベツ、にんじん | 各100g |
| セロリ | 1本 |
| じゃがいも（中） | 1個 |
| トマト（中） | 1個 |
| ソーセージ | 1本 |
| サワークリーム | 大さじ4 |

作り方

1. 肉は20分水につけておく。
2. 大きな鍋に牛肉と水2ℓ、ローリエ、塩を加え、強火にかける。沸騰したら弱火にしてアクを取りながら、肉が柔らかくなるまで約1時間ゆでる。
3. 肉を取り出し、大き目の角切りにする。ゆで汁は取っておく。
4. ビーツは皮をむいて棒状に切り、にんにくはみじん切り、玉ねぎは角切りにする。鍋にバターを入れ、これらを色がつかないように弱火で炒め、Aで味をつける。
5. ①のゆで汁を加え、角切りにしたキャベツ、にんじん、セロリ、じゃがいもを加え、30分煮る。
6. トマトは皮をむいて角切りにし、ソーセージは輪切りにして、④に加えて温める。
7. 器に盛り、サワークリームをかける。

〈ヒント〉 肉をゆでる時は、アクはていねいに取ってください。澄んだきれいなスープに仕上がります。生のビーツが手に入らない場合は、缶詰を使用し、汁も煮込む時に入れてください。

# Котлета по-київськи

## コートレータ・ポ・キエフスキ

### チキンのカツレツ キエフ風

有名なキエフの料理ですが、1900年代初期にウクライナで初めて作られました。フランツの時代は、鶏肉にバターを詰めないで揚げただけの料理でしたが、きっと近いものを作ってもらったことでしょう。

材料（4人分）

| | |
|---|---|
| チキンの胸肉 | 140g×4枚 |
| バター | 80g |
| レモン汁 | 小さじ1 |
| バジルの葉（みじん切り） | 2～4枚 |
| 小麦粉 | 適量 |
| 卵 | 2個 |
| パン粉 | 適量 |
| 塩、こしょう | 適量 |
| 揚げ油 | 適量 |

作り方

1. 鶏肉は切れ目を入れて開き、たたいて薄く伸ばす。
2. ボウルにバターを入れ室温に戻し、レモン汁とバジルを混ぜ合わせる。10分ほど冷蔵庫に入れて冷やす。
3. ①に②をのせて、バターがはみ出さないように包み込む。
4. ③に塩、こしょうを振り、小麦粉をまぶす。溶き卵にくぐらせ、パン粉を二度付けする。
5. 油を170℃に熱し、④を入れてゆっくりと揚げる。
6. 表面がこんがりと色づいたら、油を切って皿に盛り付ける。

〈ヒント〉　ナイフを入れると、溶けたバターが流れます。バターの香り付けにパセリを使いますが、今回はバジルを使ってみました。大葉でもよいでしょう。揚げ油は多めのほうがうまく作れます。

# Schweizer Käsekuchen

## シュワイツァー ケーゼクーヘン

### チーズのキッシュ スイス風

24歳の時、マリー・ダグー伯爵夫人とスイスへ逃避行したフランツ。たくさんあるスイスのチーズ料理のひとつです。ワイン片手に、愛する婦人と温かいチーズのキッシュを食べるひとときは、音楽への情熱をも湧き立たせてくれたかもしれません。

材料（24cmのパイ型1台分）

パイ生地
- 小麦粉……250g
- 無塩バター……100g
- 塩……適量

詰め物
- グリュイエールチーズ……300g
- 卵……4個
- 生クリーム、牛乳……各1カップ
- パプリカパウダー……小さじ1
- 塩、こしょう……各適量

作り方

1. 生地を作る。小麦粉をふるいにかけボウルに入れる。無塩バターを冷たいまま2cm角に切って加える。
2. 塩と冷水1/2カップを加え、練りこまないように全体を混ぜ合わせる。
3. 生地をラップに包み、1時間冷蔵庫で寝かせる。
4. 詰め物を作る。チーズはおろしがねでおろす。卵をボウルに割り入れて泡立て器で軽く攪拌し、すべての材料を加えて混ぜ合わせる。
5. タルト型に③の生地を敷き、180℃に温めたオーブンに入れて数分空焼きする。
6. ⑤に④を流し込み、オーブンでさらに30～40分焼く。

〈ヒント〉 温かいうちに召し上がってください。冷えてしまった場合は、150℃に熱したオーブンに10分ほど入れて温め直してください。

# Weimarer Zwiebelkuchen

## ワイマーラー ツウィーベルクーヘン

### 玉ねぎのパイワイマール風

小さくて甘い玉ねぎはワイマールの特産物。玉ねぎ祭りまであるほどです。旅に出ることが多かったフランツは、このパイを口にすると「やっとワイマールに戻ってきた」と実感したことでしょう。

材料（28cm四方のケーキ型1台分）

パイ生地

- イースト……25g
- 牛乳……175cc
- 小麦粉……225g
- 砂糖……15g
- バター（室温に戻す）……35g
- 塩……1つまみ

フィリング

- 玉ねぎ……400g
- ベーコン……100g
- A 卵……2個
  - サワークリーム……100g
  - キャラウェイシード……大さじ1
  - パプリカパウダー……少々
- 塩、こしょう……各適量

作り方

1. 生地を作る。イーストに同量の牛乳をぬるめに温めて加え、小麦粉、砂糖各小さじ1ずつを加えて混ぜ、暖かい所に20分置いて発酵させる。
2. 残りの小麦粉に、牛乳、砂糖、バター、塩を加え混ぜ、①を加えてよく混ぜ合わせる。ラップをして冷蔵庫で1時間寝かせる。
3. フィリングを作る。玉ねぎを薄切りに、ベーコンは角切りにする。
4. フライパンにベーコンを入れて火にかけ、脂が出たら玉ねぎを加えてしんなりするまで炒めて粗熱を取る。
5. ボウルにAを入れてよく混ぜる。④を加え、塩、こしょうで味を調える。
6. ②の生地を伸ばして型に敷き、⑤を流し入れて均等にし、200℃に熱したオーブンで約30分焼く。切り分けて皿に盛り付ける。

〈ヒント〉 熱いうちに召し上がってください。冷めた場合は、食べる分だけオーブンで温め直してください。キャラウェイシードの代わりにクミンシードでも結構です。

# リヒャルト・ワーグナー

波乱の人生を壮大なオペラへと昇華した「楽劇王」

# *Richard Wagner*

1813年5月22日　ドイツ・ライプツィヒ生まれ
1883年2月13日　イタリア・ヴェネツィアで没

ベートーヴェンに憧れ作曲を始めたワーグナー。次第にドイツオペラの巨匠、ウェーバーに魅了され、オペラ作曲家を志すようになった。楽劇という新たなオペラの形を作り出し、「楽劇王」と呼ばれ、クラシック音楽の方向性を大きく変えた。また、政治や社会情勢にも関わりをもち、亡命、借金、派手な女性関係など波乱万丈の生涯を送った。現在も「ワグネリアン」といわれる熱狂的なファンを生み出し続けている。

フランス占領下のドイツで生まれ、問題の多い家庭環境で、ひ弱でわがままに育ったリヒャルト・ワーグナー。政治運動で指名手配されたり、不倫騒動で逃げまとう日々を送ったり、かと思えば突然バイエルン王からの援助を受けることができたり、なかなか波乱万丈な人生でした。自分の人生を物語るかのように、壮大なスケールのオペラを完成させたワーグナー。自分専門のオペラ劇場まで建てることができた、運の強い音楽家でした。

## 音楽と文学、両方に関心を持った少年時代

リヒャルトは、ライプツィヒの中央駅の近くで１８１３年5月22日に生まれました。父は警察の書記でしたが、芝居が大好きで、母も演劇を学んで舞台にも出演した経験があるという、演劇好きな両親のもと、９人目の子として生まれました。バッハがカントールを務めた、町の中心に位置する聖トーマス教会にて洗礼を受けます。

当時のライプツィヒは、ナポレオン率いるフランス軍の占領下にあり、プロイセンとロシアなど連合軍との戦いの中にありました。5か月後にはとうとう郊外で戦火が上がりました。歴史上に残る「ライプツィヒの戦い」(1)です。その1か月後には父が亡くなります。その後の生活は楽なものではありませんでした。母は、夫の友人であった舞台俳優、ユダヤ人のガイヤーと再婚し、ドレスデンの町に移ります。そんな家庭環境のなか、リヒャルトは神経質でひ弱で、わがままに育ちます。

ドレスデンは、オペラ「魔弾の射手」の作曲家カール・ウェーバー(2)の故郷であり、リヒャルトはウェーバーを尊敬していました。ウェーバーが指揮をしていた頃、義父ガイヤーが舞台に出演したこともあり、親しい間柄だったようです。

(1)ライプツィヒの戦い
１８１３年10月　フランスのナポレオン軍がプロイセン、オーストリア、ロシア軍を相手にライプツィヒで戦い、ナポレオン軍が負けプロイセン連合軍がパリを占領。

(2)カール・ウェーバー
(１７８６～１８２６年)
ドイツ・リューベック出身の、ロマン派初期の作曲家、指揮者、ピアニスト。

少年時代は、音楽よりも詩や演劇に夢中になり、15歳の時には学校劇の「ロイバルトとアデライーデ」という悲劇作品を発表しています。大学時代は、文学にも音楽にも熱中しました。音楽面では演奏するより指揮に興味を持ち、当時のゲヴァントハウスの楽長ミュラーや、聖トーマス教会のカントールであったヴァインリッヒらに師事していました。19歳の時には、自作の演奏用序曲がゲヴァントハウスで演奏されました。その頃はすでにいくつもの作品を作曲しています。

そして20歳の時には、南ドイツのヴュルツブルクの歌劇場の合唱指揮者になります。リヒャルトにとって初めての劇場での仕事となりました。1年足らずの任期の滞在でしたが、その間に舞台作品「妖精」を完成させ、オペラの舞台作者としてもキャリアを積み始めていました。その次の年には、雑誌に「ドイツオペラ」という論文を発表し文筆家としても名を高めていきます。

## パリで学んだオペラの作曲技法とスタイル

1834年、リヒャルトがマクデブルクのベートマン劇団の楽長になった際、その看板女優であったミンナ・プラーナーと恋仲になります。すでにミンナには10歳になる子供がいました。2年後にはこの劇団も解散してしまいますが、東プロイセンのケーニッヒスベルク（現ロシア・カリーニングラード）に移り、そこでミンナと結婚します。

リヒャルトにはお金がなかったこともあり、ミンナは金銭的に余裕のある男たちを求め、たびたび浮気をし、駆け落ちまでする始末でした。リヒャルトは、自作オペラの指揮者としていくつかの町に行きますが、ただただ借金が増えるだけ。とうとう妻ミンナを連れて逃亡を企て、一旗揚げようと花の都パリへ行くことを決めます。先輩でもあるジャコモ・マイアベーア（3）

（3）ジャコモ・マイアベーア（1791〜1864年）ユダヤ系ドイツ人、歌劇作曲家。1826年よりパリに定住し、「ユグノー教徒」や「予言者」などを発表。グランドオペラの黄金時代を築いた。

ライプツィヒのワーグナーの生家。1885年の写真がポストカードとして販売されたもの。

ドレスデンの歴史地区の中心地にある旧宮廷教会。18世紀中頃、プロテスタントの聖母教会に対抗して、カトリック教徒の君主により建設された。

ロマネスク街道、エルベ川中流域マクデブルクを望む。ザクセン・アンハルト州の州都マクデブルクを交点として8の字を描くようにロマネスク街道が走っている
© GNTB / Ryan Edwardson

を訪ねての貧乏な旅が始まります。ロンドンまで船に乗り、そこからまた船でパリへ向かう途中、嵐に合い船が難破寸前になりますが、なんとかパリに到着します。

この経験により「さまよえるオランダ人」が作られました。当時、パリのオペラ界では、大規模な、そして庶民的なオペラが流行っていました。その大御所が、ベルリン生まれでパリで成功を収めた先輩のマイアベーアでした。彼のおかげで、リヒャルトは、オペラ座の支配人等多くの音楽関係者を紹介してもらいますが、自作に関しての上演の話は一向に進みませんでした。音楽雑誌への寄稿や、著作などで収入を得ますが微々たるもの。借金をしながらのパリでの生活は苦しくなる一方でした。

それでも2年半のパリでの生活の中で、多くのことを学びます。マイアベーアを始め、オーベール、ロッシーニなどのオペラを通して、作曲技法を習得しました。

１８４２年、29歳の時、パリで流行っているグランドオペラを真似た新しいオペラ「リエンツィ」が、ドレスデンで発表されることになりました。会場のオペラハウス・ゼンパーオーパーは、前年に建てられた新しいオペラハウスで、リヒャルトの友人である建築家ゴットフリート・ゼンパー（４）によるものでした。この建物は第二次世界大戦で粉々に破壊されてしまいましたが、１９８５年に昔のままに再建され、世界的に有名なオペラハウスとして現在も君臨しています。

ここでの舞台は大成功を収め、彼の人生を大きく変えました。そして次の作品「さまよえるオランダ人」が成功を収め、新進のオペラ作家として人気者となります。そして、ドレスデン宮廷歌劇場の楽長に迎えられることになります。

29歳の４月には、「タンホイザーとヴァルトブルクの歌合戦」が完成し、その10月に初演さ

（４）ゴットフリート・ゼンパー（１８０３〜１８７９年）
19世紀ドイツの建築家。ハンブルクに近いアルトナ出身。パリで古典建築主義を学び、イタリア各地でルネサンス建築や古代遺跡に触れる。１８３４年、ドレスデンのザクセン王立芸術学校教授になり、宮廷歌劇場、美術館などを建設。

ワーグナーによる「さまよえるオランダ人」の楽譜、アメリカ議会図書館蔵。

ドレスデンにあるザクセン州立歌劇場「ゼンパーオーパー」。建築家ゴットフリート・ゼンパーの設計により19世紀に建設された。写真：drakestraw67

れます。収入も安定してきました。次々と新しいオペラを作曲し、次の年には「ローエングリン」の台本が完成、1848年には曲が完成し、上演間近でありました。

そんな時、リヒャルトは、ドレスデンに引っ越してきたシューマンの家を訪れ、自分の芸術理念や思想など多くのことを一人がむしゃらにしゃべり続けました。ただ話をずっと黙って聞き、口を出す機会もないままのシューマンに、「貝のように沈黙し、こちらがしゃべり続けるだけでは話にならない」と言っています。ふたりの性格の違いがわかるエピソードです。

## 革命家として指名手配され、スイスへと逃亡

その年の2月にパリで起きた革命が、1か月後には、音楽の都ウィーンに飛び火し、「ドレスデン5月蜂起」(5)が起こります。シューマンは巻き込まれることを恐れ、家族ともどもドレスデンを脱出します。しかしリヒャルトは脱出するどころか、建築家のゼンパーと共にこの活動に加わり、演説まで行い、市民革命の第一線で戦います。知人に宛てた手紙にはこんなことを書いています

「革命だ！ 積極的な基盤を築かなくてはならない。（中略）プロイセン国王が王の歌劇場のため理性的な決断をしてくれれば収まるのだ」

しかし、革命は敗北を喫し、革命家としてのリヒャルトは捕まるのを恐れ、妻ミンナと共に国外逃亡をします。政府が作ったリヒャルトの指名手配書が町中に出回ります。捕まれば処刑される可能性もありましたが、運よくワイマールまで逃げ、その後ボーデン湖まで行き、スイスへの脱出に成功します。チューリッヒに着いたのは、1849年7月、36歳の時でした。

そこでの生活の金銭的な援助は、先輩でありよき友人であったフランツ・リストがしてくれ

(5)ドレスデン五月蜂起
産業革命を背景として政治に目覚めた労働者がヨーロッパ各地で立ち上がり、1848年に起こったパリの二月革命を発端に各地に飛び火し、翌月にはドイツのベルリンで三月革命が起こる。1849年のドレスデン蜂起はそのひとつ。

ました。当時のチューリッヒは現在とは違いまだ小さな町で、劇場もあまり大きなものではありませんでした。

次の年の2月には、成功を夢見て再びパリへ行きますが、まったく成果がなく、金銭に困るばかり。そして裕福な家庭の人妻、22歳のジェシー・ロッソー夫人との不倫が始まります。しかしこの不倫も、すぐにジェシーの夫にばれてしまい、射殺されそうになりますが、ボルドーの町まで死に物狂いで逃げ、なんとか助かったのでした。

悪運強く難を逃れ、リヒャルトは再びチューリッヒに戻ることができました。ドレスデンで完成した「ローエングリン」は、宮廷楽長を務めていたフランツ・リストが１８５０年ワイマール国民劇場にて初演します。

その後、２年ほどは市内のあちこちを移動し、住まいの定まらない時期もありましたが、40歳の頃から、チューリッヒのエッシャーハウス（6）に住み、妻のミンナもドイツから呼び寄せ、ここで生活の基盤を立てます。「ラインの黄金」「ワルキューレ」の総譜を完成させ「ジークフリート」「神々の黄昏」の台本も作成します。生活費のため、指揮をしたり、原稿を書いたりしますが、金使いの荒いリヒャルトには、生活に余裕のできるような金銭は得られず、スイス人のワーグナー支持者たちから援助を受けたり、借金をして暮らします。

## 不倫、別居、激しい女性関係

４年後には、リヒャルトの支持者であるオットー・ヴェーゼンドンク氏（7）が援助をすることになります。ヴェーゼンドンク夫人のマティルデは、ワーグナー音楽の崇拝者でもありました。

（6）エッシャーハウス
１８４９年、放浪生活の果てに見つけた定住の地がツェルトベク地区のエッシャーハウスという3階建ての集合住宅。最初は通りの裏側の方で、１８５０年に表側に面した広い部屋に引っ越し、１８５７年まで住んだ。

（7）オットー・ヴェーゼンドンク（１８１５～１８９６年）オランダ系のドイツの商人であり、芸術を支援した。

ヴェーゼンドンク氏はワーグナー夫妻に「作曲に打ち込めるように」と、自宅の離れにある一軒家の「隠れ家」と呼ばれる屋敷を無償で提供してくれます。このことが後々、大きな問題となってしまうのですが……。

女性、特に既婚の婦人には目のないリヒャルトです。まだ若くて美しいマティルデを放っておくはずはありません。それほどの時間もかからず、ふたりは深い仲になってしまいます。細い道を挟んで向かいに住んでいるヴェーゼンドンク氏と妻ミンナの目を盗み、マティルデとの密会は続きます。

マティルデの作った詩にリヒャルトは曲を付け、「ヴェーゼンドンク　5つの歌」を彼女の誕生日にプレゼントしています。12月にはこの曲を発表するため、リヒャルトの住まい「隠れ家」にて演奏会が模様されました。そこに招待された人々の中には、ヴェーゼンドンク夫妻、そしてリストの娘コジマと、現在の妻であるミンナがいました。現在の不倫相手マティルデ、なんと、未来のワーグナーの妻となるコジマが同じ場所にいたのです。

次の年の夏、リヒャルトがマティルデ宛に書いた手紙をミンナは手に入れ、ふたりが不倫関係にあることを知ってしまいます。ヴェーゼンドンク氏はそれに激怒し、妻のマティルデを旅に連れ出します。それをきっかけに両家の関係は悪化してしまい、すぐさまチューリッヒを去らなければなりませんでした。妻のミンナをドイツに送り返し、ひとりヴェネツィアへと旅立ちます。マティルデはリヒャルトと離ればなれになってしまう辛さから、こんな言葉を残しました

「私にはもう死ぬことしか残っていない」

「隠れ家」ことヴィラ・シェーンベルク。スイス、チューリッヒのヴェーゼンドンク邸は現在はリートベルク美術館となっている。著者撮影

1865年のミュンヘン初演時の「トリスタンとイゾルデ」。ルートヴィヒ・シュノル・フォン・カロルスフェルト（トリスタン）とマルヴィーネ・シュノル・フォン・カロルスフェルト（イゾルデ）。写真：Joseph Albert

## ルートヴィヒ2世の援助を受けるという幸運

1858年、ヴェネツィアに着いたリヒャルトでしたが、イタリアは自由解放戦争の真っただ中でした。街を歩いていると、なんと駐在ザクセンの大使に見つかってしまいます。ドレスデンでの指名手配が解けていないリヒャルトは慌てて、逃げるようにスイスに戻ります。

スイスに戻ったもののチューリッヒには行けず、そこからさほど離れていないルツェルンの町へ行き、ホテル・シュヴァイツァーホフに半年間滞在します。

楽劇「トリスタンとイゾルデ」は、このホテル滞在中に完成します。またその頃、オペラ「タンホイザー」がパリで上演されます。それには、パウリーネ・メッテルニッヒ侯爵夫人の大きな貢献がありました。パウリーネ夫人の祖父は、あの「会議は踊る」で知られる「ウィーン会議」を開催したメッテルニッヒ宰相でした。

それを機に、リヒャルトはドイツ各地で指揮者として招かれます。1862年には恩赦が言い渡され、プロイセンの各地でも演奏ができるようになり、やっとドイツに戻ることができました。そんな矢先、大きな仕事が舞い込んできます。

ウィーン宮廷劇場での「トリスタンとイゾルデ」の初演が可能性を帯びてきたのです。すぐにウィーンに行き、ウィーンフィルのオーケストラとの練習が始まります。しかし、数十回もの練習を重ねたにもかかわらず、上演は中止となってしまいます。それにより莫大な借金を抱えたリヒャルトは支払いもできず、ウィーンを逃げるように去り、シュトゥットガルトに身を隠します。

多くの女性と恋愛沙汰を繰り返し、湯水のごとくお金を使っていたリヒャルト。行き場もなく借金で追い詰められた彼に一通の手紙が届きます。1864年51歳の時でした。手紙の主は18歳でバイエルン国王に君臨したルートヴィヒ2世(8)でした。ルートヴィヒ二世は、「ローエングリン」に魅せられ、「ワーグナーを探せ」と部下に命令を下していたのです。そしてとうとうシュトゥットガルトで彼を見つけ出したのでした。

バイエルン王からの呼び出しに、狐につままれたようなリヒャルトでしたが、持ち前の図太さを発揮し、長い話し合いの結果、ルートヴィヒ2世がリヒャルトの借金をすべて肩代わりしてくれることになります。予想以上の成果にただただ驚くばかりのリヒャルトでした。「これからは本当に自分がやりたいことを思う存分できる」と確信したできごとでもありました。もう逃げも隠れもする必要はなく、堂々とミュンヘンの町に住み、新しい祝祭劇場建設の計画まで立てることになります。

(8)ルードヴィヒ2世
229ページ参照

## 不倫沙汰から生涯の伴侶となったコジマ

翌年1865年6月、6年も待ち焦がれていた「トリスタンとイゾルデ」の初演が決まりました。その指揮をするのがリヒャルトの弟子であるハンス・フォン・ビューロー(9)でした。ビューローの妻であったコジマが、初演前日に子供イゾルデを産みます。喜ぶべきビューローでしたが、その子の父は何とリヒャルトだったのです。

コジマは、リヒャルトの友人でもあるリストとマリー・ダグー伯爵夫人の不倫で生まれた子でした。コジマは夫にリヒャルトとのことを隠していたのですが、次第に噂が広まり「ワーグナーとビューロー夫人の不倫」は新聞沙汰にまでなってしまいます。バイエルン政府はそんなふしだらな男に莫大な金を援助している王ルートヴィヒ2世に、ワーグナーを追放するよう仕

(9)ハンス・フォン・ビューロー(1830〜1894年)
ドイツの男爵で指揮者、ピアニスト。現在のような専業の指揮者の先駆的存在。

向けます。

同時に友であり、スイスでの生活の金銭的援助をしてくれたリストとの仲もおかしくなってしまいます。リストは「友人ビューローの結婚の名誉を汚すな」とリヒャルトに警告します。ミュンヘンにいられなくなったリヒャルトは次の年、スイスのルツェルン近郊の湖沿いのトリプシェンの館に逃げます。それでもルートヴィヒ2世からの援助は止まりませんでした。

この年には、離婚できなかった最初の妻ミンナが病死し、ひとつの問題が片付きます。54歳の時には「ニュールンベルクのマイスタージンガー」が、トリプシェンで完成します。その譜面を見たリストは、作品の素晴らしさに考え直し、リヒャルトと和解することになります。次の年にはこの曲の初演を、ミュンヘンの宮廷劇場で、不倫関係にあったコジマの夫ビューローが指揮することになります。それが大成功を収め、ワーグナー人気はうなぎのぼりとなります。また、ルートヴィヒ2世はわざわざスイスまで出向き、リヒャルトに会うためトリプシェンの館を訪ねています。

その後、ビューローとコジマが正式に離婚し、コジマは3人の子と共にリヒャルトを頼ってトリプシェンに来ます。リヒャルトの浮気癖もこの頃からやっと治ります。今まで多くの女性たちに囲まれ、好き放題に楽しんだり、追われたりと波乱万丈の人生を送ってきたリヒャルトでしたが、やっとコジマという生涯の伴侶を得ることができたのです。

次の年には、ミュンヘンで「ニュールンベルクのマイスタージンガー」がまたもビューローの指揮で初演されます。それも大成功を収めますが、音楽評論家たちの間では「醜悪で非音楽的な作品」と評判が良くありませんでした。それを助けたのが一般の聴衆でした。それにより

ワーグナーと妻コジマ、
1875年頃、
写真：Fritz Luckhardt

スイスのルツェルン近郊トリプシェンにあるリヒャルト・ワーグナー記念館。著者撮影

国民的なオペラとして地位を得たのでした。
ある時、バーゼルの大学教授をしていた哲学者のフリードリヒ・ニーチェ（10）が、リヒャルトに会うためにトリプシェンの館を訪れます。リヒャルトは「ジークフリート」第3幕の部分を作曲していたところで、神経がピリピリしていました。時が悪かったとしか言いようがありませんが、そんな時に現れたニーチェとリヒャルトのふたりの間はうまくいきませんでした。その後、ニーチェは「パルジファル」の作品を批判しています。

## コジマとの生活、作曲活動と晩年

1870年、リヒャルトとコジマは、ルツェルンの福音教会、マティアス教会にて、地味な結婚式を挙げます。リヒャルト57歳、コジマ33歳でした。その年には妻コジマのために「ジークフリート牧歌」を作曲し、心身ともに落ち着いた生活を送ります。

ミュンヘンに予定していた「祝祭劇場」は建設が保留になっていましたが、リヒャルトの知名度が増すにつれ、ドイツの小さな町々で「我々の町に劇場を建ててほしい」と、売込みが多くなります。そこで選んだ町はバイロイトでした。この町で念願の劇場建設が決まります。

1872年4月、ワーグナー一家は6年住んでいたトリプシェンの邸宅を去り、バイロイトに新居、ヴァーンフリート館を建て移り住みます。「祝祭劇場」の建築も始まりますが、資金繰りが思うようにいかず、最後の手段であるバイエルン王ルートヴィヒ二世に頼み、当初の予定より簡素な劇場になってはしまいますが、2年後の1874年に劇場は完成します。その間「神々の黄昏」が完成します。

1876年の夏、初めてのバイロイト音楽祭が開かれます。そこで初演されたのが「ニーベ

（10）フリードリヒ・ヴィルヘルム・ニーチェ（1844〜1900年）
ドイツの哲学者、古典文献学者。作曲家でもある。

ワーグナーが設計した木造のオペラハウス「バイロイト祝祭劇場」。毎年夏に催されるバイロイト音楽祭のときのみ使用される。著者撮影

ワーグナー博物館として公開されているバイロイトのヴァーンフリート館。ワーグナーは妻コジマと共にここに移り住んだ。

ルングの指環」でした。この演奏後、観客の前で義理の父となったリストにこんな謝辞を述べています。

「私がまだ無名だった頃、初めて私に自信を持たせてくれた人がいます。その人がいなければ、皆さんは私の作曲した音楽を聴くことはなかったでしょう。その人とは、親愛なるフランツ・リストです」

演奏は大成功を収めたかに見えましたが、収支は大赤字となってしまいます。これだけ金のかかるオペラは難しいと判断したリヒャルトは、新しい作品を求め、家族で南イタリアへ行きます。イタリアのシチリア島では「パルジファル」が完成します。

その年には、第2回バイロイト音楽祭が開催され、「パルジファル」が上演されます。これが大成功を収め、これからが楽しみな音楽祭となることが期待できました。

9月には休養と新しい作品の構想を見出すため、家族でヴェネツィアへ旅立ちます。年が変わって、いつものようにヴェネツィアの町を散歩し、著述する日々を送っていましたが、リヒャルトは滞在していたヴェンドラミン館の書斎で急に心臓発作を起こし、駆けつけたコジマの腕の中で息を引き取ります。1883年2月13日、69歳でした。

これにはもうひとつのエピソードもあります。家のお手伝いの女性もヴェネツィアまで連れて行き、リヒャルトの世話をさせていたのですが、心臓発作を起こしたリヒャルトのもとへ駆けつけたコジマは驚きます。なんとそのお手伝いの女性の胸の上で死んでいたのです。女好きであったリヒャルトの最後らしいと言えばそうかもしれませんが、真相は闇の中のようです。

2月18日には祝祭劇場のあるバイロイトに遺体が到着し、葬儀が行われました。遺骨は住まいの敷地内の墓に埋葬されました。その47年後には愛妻コジマが埋葬され、やっとふたりで平

ワーグナーが客死したといわれるヴェネツィアのヴェンドラミン館、現在は市営カジノになっている。
写真：Fred Romero

ヴァーンフリート館の裏庭にはワーグナー夫妻の墓がある。写真：Ekem

和に眠ることができました。

## 甘党でライス好き？ 菜食主義を公言した食生活

リヒャルトは動物愛護家であったことから、一時「菜食主義と禁酒」を公言しています。「世界が敗退しているのは血が腐敗しているからで、不自然な食べ物が原因だ。肉を食べると病気になって天寿を全うできないどころか精神的にも苦しむ」とも言っていましたが、実際は菜食主義を理想としていただけで、その後は肉も食べています。

リヒャルトの人生の中で最も充実していたスイス、トリプシェン時代の招待先などでは、チューリッヒやルツェルンの郷土料理、「仔牛肉の細切り　マッシュルームクリームソース」などの肉料理はよく口にしていたようです。

家庭ではローシュティポテト（ドイツ版のハッシュドポテト）に目玉焼きを添えたものや、ハムとチーズをのせオーブンでチーズがとろけるまで焼いた料理を好んでいたようです。コジマがリヒャルトの好みに合わせて作った料理は、ニシンを軟らかく煮てザワークラウトと混ぜ、白ワインと砂糖で味つけし煮込んだもので、自分でも作ることがあるほど大好物だったようです。

また、リヒャルトは甘いものには目がなく、虫歯だらけであったにもかかわらず、コース料理を食べ終わった後に、さらにデザートを追加するほどでした。ライスも好きで、菜食主義と禁酒を公言していた頃は、ライスプディングやリゾット、ライスサラダなどをよく食べていました。

最後の住まいとなったバイロイトには、彼がよく通った店が現存します。１８００年代にレストランとしてオープンした「オイレ（Eule）」です。リヒャルトの大好きだったソーセージ料理「ブラウエ　ツィプフェル（Blaue Zipfel）ソーセージのスープ仕立て」を食べることができます。

リヒャルトが1866年から6年間暮らしたトリプシェンの邸宅は、現在、ワーグナー記念館になっています。ワーグナー家がバイロイトに去った後、まだ存命であったワーグナーの娘たちが夏の別荘として使用していましたが、現在はルツェルン市の所有となりました。娘たちからワーグナーの遺品などが寄贈され、1階がワーグナーを記念する博物館、2階が楽器博物館になっています。

リヒャルトが亡くなって約80年が過ぎた夏の日、この邸宅前の公園でコンサートが開かれました。イタリアから大指揮者のトスカニーニと、特別編成のオーケストラが、リヒャルトがこの家でコジマに贈った「ジークフリート牧歌」を演奏するために集まったのです。息子ジークフリートの誕生の喜びを込めたこの名曲は、もう多くのオーケストラのレパートリーに取り入れられ、世界中で演奏されるようになっていました。このコンサートが、国際音楽祭として有名なルツェルン・フェスティバルの始まりとなりました。

# Königsberger Klops

## ケーニッヒスベルガー クロプス

### ミートボール ケーニッヒスベルク風

ワーグナーが最初の妻ミンナと結婚した地、ケーニッヒスベルクの郷土料理です。1255年にドイツ騎士団の都市として創設され、プロイセンの首都として栄えましたが、1945年以降はロシアの領土に。現在のカリーニングラードです。

### 材料（4人分）

あいびき肉……500g
玉ねぎ（みじん切り）……100g
カイザーパン（硬いもの）……1個（50g）
ベーコン……40g
アンチョビ（フィレ）……2枚
卵……1個
塩、こしょう、小麦粉……各適量
ゆで汁
　水……1,5ℓ
　塩……1つまみ
　ローリエ……1枚
　粒こしょう……5個
　レモンスライス……数枚
ソース
　白ワイン……25cc
　生クリーム……1/2カップ
　ケッパー……大さじ1
　マスタード、レモン汁……各小さじ1
パセリ（みじん切り）……小さじ1
塩・こしょう……各適量

### 作り方

1. パンを水に10分浸してふやかして水気を絞る。玉ねぎ、ベーコン、アンチョビはみじん切りにする。
2. ボウルに肉を入れ、①を加えて混ぜる。
3. 卵を加え、手でよく練り混ぜ、塩、こしょうで下味をつける。
4. ③を8等分して、それぞれ丸め、小麦粉をまぶす。
5. 鍋にゆで汁の材料をすべて入れて沸騰させ、④を入れ、弱火で約20分ゆでる。
6. 小鍋に白ワインとゆで汁25ccを入れて火にかけ、1/2量になるまで煮詰める。
7. ⑥に生クリームを加えて少し煮詰め、とろみが出たらマスタードとケッパーを加える。
8. 塩、こしょうで味を調え、最後にレモン汁を加える。
9. ⑤のミートボールを加えて温め、皿に盛り付けてパセリを振る。

〈ヒント〉　ミートボールの大きさは好みで変えてください。マスタードはフレンチマスタードを使用してください。ソースにマスタードを入れることによりとろみがつきます。付け合わせに、ゆでたじゃがいも、パスタ、ごはんを添えてもよく合います。

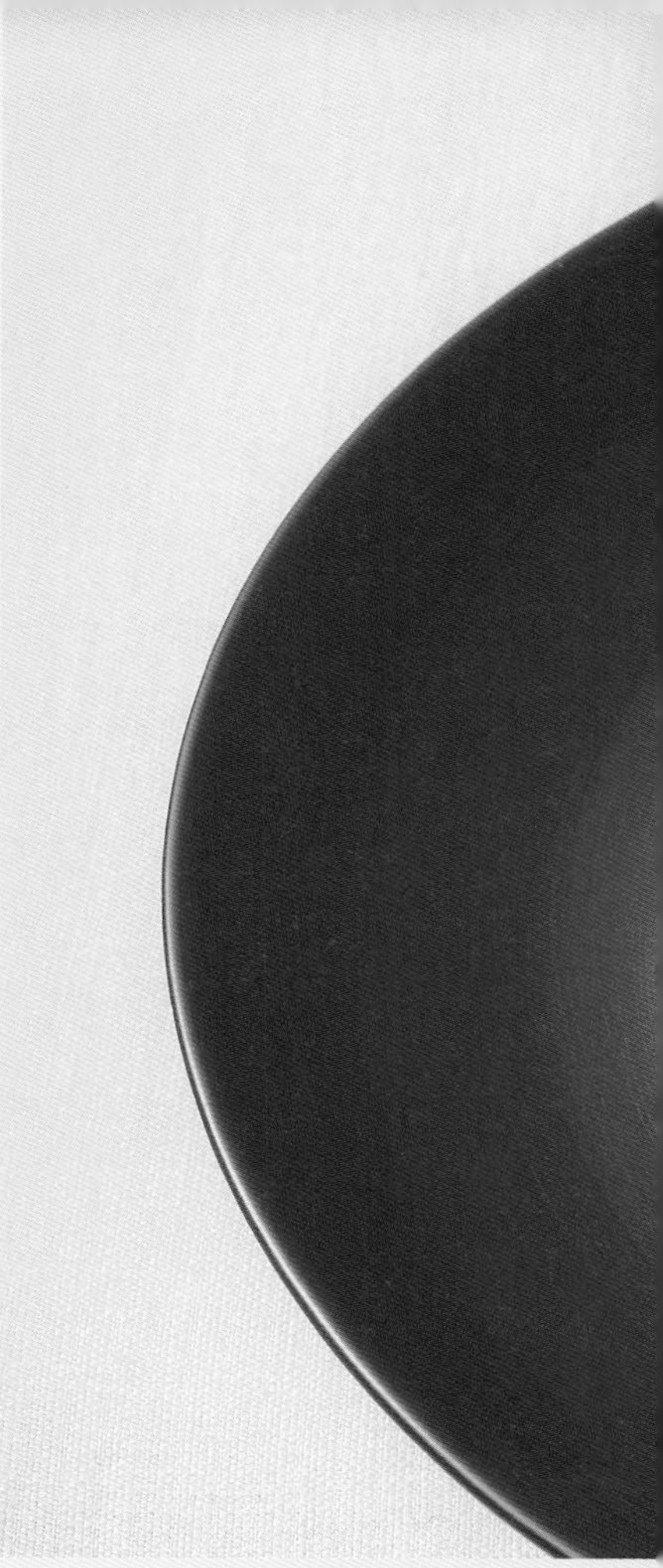

# Rösti mit Schinken und Käse

## ローシュティ ミット シンケン ウント ケーゼ

### ローシュティポテト ハムとチーズ焼き

ローシュティポテトは、スイス版ハッシュドポテト。それにハムとチーズをのせたこの料理は、朝食や昼食に人気で、家庭でもよく作られます。ワーグナー家もルツェルン湖を眺めながら、昼食に家族みんなで食べていたことでしょう。

**材料(1人分)**

ローシュティポテト
- じゃがいも……1個
- 塩、こしょう……各適量
- ナツメグ……適量
- バター……大さじ2

ハム……2枚
とろけるチーズ……20～30g

**作り方**

1. じゃがいもは皮のまま硬めにゆでて、冷蔵庫で一晩寝かす。
2. ①の皮をむいておろしがねでおろし、塩、こしょう、ナツメグ各少々で味をつける。
3. フライパンにバター大さじ1.5を溶かして③を入れ、弱火でゆっくりと焼く。
4. 片面が黄金色なったら返して、残りのバターを入れ、もう片面も焼く。
5. 耐熱皿に④を入れ、上にハムとチーズをのせて、オーブンで焼く。
6. チーズがとろけてきたら取り出し、皿に盛り付ける。

〈ヒント〉 好みの食材を利用してオリジナルをお作りください。目玉焼きをのせたものも多く作られます。チーズもお好みで。今回使ったチーズははスイスのグリエールチーズです。オーブンを使わず、じゃがいもを裏返したらすぐにハムとチーズをのせ、ふたをして弱火で加熱してもOKです。

# Zürcher Geschnetzeltes

## チューリヒャー ゲシュネッツェルテス

### 仔牛肉の細切り チューリッヒ風

ワーグナーにとって甘い思い出と、苦い思い出のあるチューリッヒ。この地域を代表する料理です。前ページのローシュティポテトが付け合わせです。

材料（1人分）

| | |
|---|---|
| 仔牛もも肉（または豚の赤身） | 120g |
| 塩、こしょう、小麦粉 | 適量 |
| バター | 小さじ2 |
| マッシュルーム（薄切り） | 30g |
| 玉ねぎ（みじん切り） | 大さじ1 |
| にんにく（みじん切り） | 1つまみ |
| 白ワイン | 30cc |
| フォン・ド・ヴォー | 大さじ2 |
| 生クリーム（乳脂肪35％以上） | カップ1/4 |
| ローシュティポテト※ | 1枚 |

※作り方前ページ参照

作り方

1. 肉を細切りにして、塩、こしょうを振り、小麦粉をまぶす。
2. フライパンにバター半量を入れて強火で肉を炒め、肉は取り出して保温しておく。
3. 同じフライパンに残りのバターを入れ、玉ねぎとにんにくを加えて炒める。
4. マッシュルームを加え、軽く炒める。
5. 白ワインを加え、フライパンにこびりついている肉汁を溶かし、中火で1/3量になるまで煮詰める。
6. フォン・ド・ヴォーを加えて1/2量になるまで煮詰め、生クリームを加える。
7. 煮詰めてとろみが出てきたら塩、こしょうで味を調え、肉を戻して温める。
8. 皿に盛り付けローシュティポテトを添える。

〈ヒント〉　仔牛肉は豚の赤身肉を代用してください。スイスでは白ワインをたっぷり入れてゆっくりと煮詰めてから生クリームも多めに加えて煮詰める店が多く、重いクリームソースとなっていました。
植物脂肪と30％以下の乳脂肪の生クリームを使うとソースが分離するのでお気を付けください。

# Fegato alla Veneziana

## フェガート アラ ヴェネツィアーナ

### 仔牛レバーのソテー ヴェネツィア風

水の都ヴェネツィア。ワーグナーはチューリッヒから逃げるようにこの町にやって来て、ゆっくりとする間もなく、またスイスに戻ります。ヴェネツィアの町では、大衆的なこの郷土料理をきっと口にしたことでしょう。

#### 材料（4人分）

| | |
|---|---|
| 仔牛レバー | 400g |
| 塩、こしょう | 適量 |
| 小麦粉 | 適量 |
| 玉ねぎ | 200g |
| りんご | 1個 |
| バター | 大さじ8 |
| パセリ | 適量 |
| ワインヴィネガー | 大さじ1 |

#### 作り方

1. 仔牛レバーを細く切り、塩、こしょうで下味をつけ、小麦粉をまぶす。
2. 玉ねぎの皮をむき、薄切りにする。りんごは皮と種をとり、いちょう切りにする。パセリはみじん切りにする。
3. フライパンにバター半量を入れ、中火で1を焼き、色が付いたら火を止め、皿に盛り保温しておく。
4. 同じフライパンに残りのバターを入れ、玉ねぎを中火で薄いあめ色になるまで炒め、りんごを加え炒める。
5. りんごにも薄い焼き色が付いたら、レバーを戻し、ワインヴィネガーとパセリを加え、塩、こしょう味を調える。

〈ヒント〉　この料理のオリジナルにはりんごは入りませんが、現地のレストランで食べたりんご入りのものが美味しかったので、レシピにしました。仔牛レバーの代わりに牛や豚、鶏のレバーでも美味しいでしょう。ワインヴィネガーの代わりにりんご酢を使う場合もあります。

# Blaue Zipfel

## ブラウエ ツィプフェル

### ソーセージのスープ仕立て フランケン地方風

ヴュルツブルクと最後の住まいであったバイロイト、この地域の代表的なソーセージ料理。バイロイトではこの料理をよく食べていたようです。ソーセージをワインで煮る料理はドイツ国内探しても、このフランケン地方以外には見当たりません。

材料（4人分）

| | |
|---|---|
| ロースト用ソーセージ | 4本 |
| 玉ねぎ | 500g |
| セロリ、にんじん | 各40g |
| マッシュルーム | 4個 |
| A チキンブイヨン | 2ℓ |
| 白ワインヴィネガー | 200cc |
| 白ワイン（辛口） | 300cc |
| B クローヴ | 8個 |
| ローリエ | 1枚 |
| 粒コショウ（白） | 10g |
| ジュニパーベリー | 10g |
| マスタードシード | 10g |
| 塩 | 適量 |
| 砂糖 | 小さじ1/2 |
| パセリ（みじん切り） | 小さじ1 |

作り方

1. 玉ねぎは薄切りにする。セロリとにんじんは細切りにする。マッシュルームは薄切りにする。
2. 鍋にAと玉ねぎを入れて火にかける。沸騰させたら弱火にして、玉ねぎが透き通るまで煮る。
3. セロリとにんじん、Bの香辛料を加えて弱火で20分煮る。
4. 塩、砂糖で味を調え、ソーセージとマッシュルームを加え、弱火で10分煮る。
5. 香辛料を取り除き、スープ皿に盛り、パセリを振る。

〈ヒント〉 太めのロースト用ソーセージをお使いください。香辛料は手に入るものだけで構いません。ソーセージを入れたら絶対に沸騰させないのが旨みを逃さないコツです。マスタードもケチャップも添えない。あっさりとしたソーセージ料理です。

# Bayerische Crème

## バイエリッシェ クレーメ
### バイエルンのババロア

ルートヴィヒ二世が王であったバイエルン。その地方のデザートです。ババロアはフランス菓子と思っている方も多いかもしれませんが、ドイツ発祥のお菓子です。甘いもの好きなワーグナーは、ミュンヘンにいた頃、よく食べていたことでしょう。

材料（20cm四方の型1つ分　約4～6人分）

パイ生地

| | |
|---|---|
| 牛乳 | 500cc |
| 板ゼラチン | 2枚 |
| 卵黄 | 6個 |
| グラニュー糖 | 120g |

ババロア

| | |
|---|---|
| 生クリーム | 100g |
| バニラエッセンス | 数滴 |
| 木イチゴのソース | 適量 |

木いちご（ラズベリー）のソースの作り方

1. 鍋に木イチゴ（冷凍）100gと砂糖大さじ2、水少量を加え、火にかける。
2. 沸騰したらコーンスターチを少量の水で溶いて加え、とろみがついたら完成。冷蔵庫で冷やしておく。
7. 器に流し入れ、冷蔵庫で冷やし固める。
8. 型から出して、1/4に切って皿に盛り、木いちごのソースを添える。

ババロアの作り方

1. 板ゼラチンを水で戻す。
2. 牛乳を沸騰直前まで温める。
3. ボウルに卵黄と砂糖を入れ、泡立て器で白っぽくなるまで良く混ぜ、②を2回に分けて加えてよく混ぜる。
4. ③を鍋に移し、弱火で濃度がつくまでヘラで混ぜながら加熱し、トロミがついたら火からおろしてゼラチンを加え、溶かす。
5. ④を裏漉ししてボウルに移し、底を氷水に当て、とろみが出るまで冷やし、バニラエッセンスを入れる。
6. 別のボウルで生クリームを7分立てにし、⑤に2度に分けて加え混ぜる。
7. 冷蔵庫に数時間入れて冷やし固め、型から出して、1/4に切って皿に盛る。木いちごのソースを添える。

〈ヒント〉　型はプリン型などでもよいでしょう。

# 夢見るバイエルン国王、ルートヴィヒ２世

ワーグナーに多大な援助をしたルートヴィヒ２世（１８４５年８月25日～１８８６年６月13日）は、ノイシュヴァンシュタイン城を始め、ヘーレンキームゼー城、リンダーホフ城と３つの城を建てたことで知られています。

彼はワーグナーのオペラ観賞を夢みて、ノイシュヴァンシュタイン城には「歌人の広間」まで造らせました。壁には「パルジファル」の物語が描かれています。また、寝室の壁には「トリスタンとイゾルデ」の物語を描かせているほど、ワーグナーの世界とが現実との間をさまよい続けていました。

政治に関心がなく、市民のことなど全く考えず、ワーグナーの音楽こそが自分の全てと思い込んで、資金援助を惜しみませんでした。そのような行動により、１８８６年６月12日、逮捕され、とうとう廃位となってしまいます。ノイシュヴァンシュタイン城にとどまることができなくなったルートヴィヒは、後ろ髪をひかれるような気持ちで馬車に乗り、ミュンヘン方向へ90キロ離れたベルク城へ行き、そこに幽閉されてしまいます。

その日の夜、主治医のフォン・グッテン医師と、ベルク城の前にあるシュタンベルク湖沿いへ散歩に出かけますが、それが最後となってしまいました。翌日、ルートヴィヒは、湖でその主治医と共に水死体で発見されたのです。事故なのか、事件なのか。ふたりの死は謎のまま、いまだ真相はわかっていません。

ルートヴィヒの死の知らせを受けたハプスブルクのエリザベート皇后はこんな言葉を語っています。

「彼は決して精神病ではありません。ただ夢を見ていただけでした」

《ルートヴィヒ２世ポートレイト》撮影者不詳、1865年　アムステルダム国立美術館蔵

# *Johannes Brahms*

# ヨハネス・ブラームス

## 孤独を愛し、地道に仕事を続けた大器晩成の作曲家

1833年5月7日　ドイツ・ハンブルク生まれ
1897年4月3日　オーストリア・ウィーンで没

ドイツ出身のバッハ、ベートーヴェンと並んで、頭文字のBから“三大B”と称される作曲家。オペラ界の大巨匠、ワーグナーと共に、19世紀ロマン派中期のドイツ音楽を代表する存在である。「ドイツ・レクイエム」は代表作であるのみならず、ロマン派の宗教曲の中でも傑作である。貧しい家庭に生まれ、苦労も多かったが、人柄は真面目で地味で頑固。華やかさはないが、コツコツと仕事を残し、生涯独身を通した。

バロックや古典派の伝統を守り抜き、ベートーヴェンの最も正統な後継者と言われるヨハネス・ブラームス。ドイツ愛国主義者でもあり、普仏戦争の勝利を祝った「ドイツ軍勝利の歌」なども残しています。彼の部屋にはベートーヴェンの像と、ビスマルクの像が飾られていました。

ブラームスの音楽は、20歳の時に出会った恩師、シューマンの妻であり、作曲家でピアニストのクララ・シューマンにより磨かれていったとも言われます。孤独を愛し、いつも不機嫌な顔、潔癖症で自分自身を激しく律したブラームス。愛すべき19世紀の音楽と共に去っていったブラームス。

少年時代の貧しい生活。そこから抜け出たいという強い思いが、ブラームスを一流にしたのかも知れません。

## 少年時代から、シューマン夫妻との出会い

ヨハネスは、1833年5月7日、ドイツの港町ハンブルクで生まれました。父は音楽家であり、町の楽師でした。小さい頃からピアノに関心を持っていましたが、家にピアノがなかったため父からヴァイオリンを学びます。7歳になりどうしてもピアノを習いたいと、ハンブルクで有名だった音楽教師に就き、ピアノから音楽全般について多くを学びます。

家庭の経済状況が厳しく、父の収入だけで音楽を学び続けるのは無理だったので、ヨハネスは、町のダンスホールやアルスター湖を見渡せるレストランで、夜遅くまでピアノ演奏をして収入を得るようになります。

現在そのレストランは、「アルスターパビリオン（Alster Pavilion）」として、市庁舎側の湖沿

いに位置し、市民の憩いの場となっています。

15歳の時にはハンブルクで初の演奏会を開き、それが成功を収めて次の年も開催されることになります。好意的な批評も雑誌に掲載され、ヨハネスの将来性が高く評価されました。当時、ハンブルク市民にはロベルト・シューマンの人気が強かったことから、ヨハネスもシューマンに憧れを抱いていました。

17歳の時、シューマンがハンブルクに来ることを知り、彼が滞在するホテルに自分の作曲した作品を送付し、批評を求めます。しかし、シューマンはその封筒を開封することもせずに送り返して来て、ヨハネスは強いショックを受けます。

20歳の時には、ライン河沿いの町々を旅する計画を立てます。友人のヨアヒム(1)の紹介で、音楽学者として有名なヴァジェレフスキ(2)を訪ねます。ヴァジェレフスキは「ライン川沿いを旅するならデュセルドルフまで行ってシューマンを訪ねるべきだ」と提案します。以前に手紙を送り返された経験から、その案に乗り気でなかったヨハネスでしたが、ヴァジェレフスキの書いてくれた紹介状を手に、シューマン家の扉をたたきます。偶然にもシューマン夫妻、ロベルトとクララは家におり、紹介状を見て「入りなさい」と迎え入れてくれました。その時のシューマンのヨハネスに対する態度は、ハンブルクでのできごととは全く異なっていました。

ヨハネスは勇気を出して、「ここで私の曲を聴いてほしい」と切り出し、自分の曲であるピアノ・ソナタ第1番を夫妻の前で演奏します。それを聴いたシューマン夫妻は、ヨハネスの音楽と演奏の素晴らしさに感動します。その日の日記にクララはこんな風に記しています。

「ブラームスと出会う幸運が私たちにもたらされた。彼もまた神から使わされた天才のひとり

(1)ヨーゼフ・ヨアヒム(1831〜1907年)12歳でメンデルスゾーンに師事、ブラームスのヴァイオリン協奏曲の初演ヴァイオリニストとして後世に名を残した。

(2)ヴィルヘルム・ヨーゼフ・フォン・ヴァジェレフスキ(1822〜1896年)シューマンの友人でヴァイオリニスト。シューマンの伝記を最初に書いた人物。当時、ボンで指揮者、ヴァイオリニストとして活動していた。

1891年に撮影されたハンブルクのブラームスの生家。建物は1943年に消失。『Modern Music and Musicians』(University Society, New York, 1918年刊)より。

ハンブルクの倉庫街。ブラームスはこの辺りで生まれた。著者撮影

アルスター湖岸に面したアルスターパビリオン。建物は新しくなっているが、かつてブラームスが演奏をしていたレストランは今も多くの人で賑わう。
写真：Oxfordian Kissuth

なのだ」

## シューマン家での暮らしと別れ

ヨハネスは、それから1か月ほどデュッセルドルフのシューマン家に滞在することとなり、それは彼の人生を大きく変えるできごととなりました。

シューマンは、音楽雑誌のコラム「新しい道」で、ヨハネスをこんな言葉で紹介します。

「生まれながらにして、英雄と、美と、優雅の三女神グラティアに見守られた若者、その人はヨハネス・ブラームスといった」

ヨハネスにとって、シューマン家での日々は大切なものでした。母のようなクララの手料理もおいしく、幸せを感じていました。

翌年、ヨハネスが21歳の時、幻聴や精神的な病を抱えていたロベルト・シューマンが近くのライン河に飛び込み、自殺未遂を起こします。ロベルトは療養所に入り、ヨハネスが子供たちのいるシューマンの家族を助けるようになります。その頃から、ヨハネスのクララへの愛情がより強くなりますが、クララはヨハネスに対して自分の子供のような情を抱くだけで、ヨハネスの思いとは違っていたようです。

同時期、ヨハネスは「シューマンの主題による変奏曲」を作曲します。20歳でシューマン夫妻に出会い、素晴らしい言葉で楽壇の雑誌に紹介されて以来、シューマン家に世話になっていたヨハネス。この曲はクララへの慰めと、ロベルトへの敬意をかねて作った曲です。テーマは、シューマンの「色とりどりの紙」という作品から編曲され、その後16曲の変奏が続きます。それらの作品にロベルトもクララも喜び、クララはこのような言葉で表現しました。

「ヨハネスっぽく生真面目で、しかもユーモアのある曲」

ロベルトも療養所からの手紙でこのように記しています。

「君が対位法を深く学んだことは、すべての変奏曲ではっきりと出ています。それらのどれもが優しく、しっかりした表現で、何と独創性にあふれていることでしょう」

しかし、ロベルト・シューマンは、ヨハネスがシューマン家を訪れた3年後に、療養所に入ったまま他界してしまいました。

その後ヨハネスは、ドイツ国内で多くの演奏会を開き、自作品以外にもベートーヴェンやバッハ、そしてシューマンの曲で構成しました。

25歳の時、2歳年下の女性、アガーテ・シーボルト(3)と知り合います。2人は急速に仲を深め、ヨハネスは婚約指輪まで贈ります。しかし彼女は結婚により束縛されることを拒み、この恋は破談となってしまいます。

この頃、世間では芸術観に対する、ワーグナーやリストによる新ドイツ派と、ブラームス派に分かれる時代となり、ブラームス派は音楽雑誌に新ドイツ派に対し批判の声明文を出す騒動がありました。

29歳の時にはウィーン・ジングアカデミーの指揮者に就任し、憧れの町ウィーンへ生活の基盤を移しますが、2年後の契約の更新は断っています。その後、ハンブルクに一度戻りますが、基盤はウィーンと、そしてドイツのバーデンバーデンでした。バーデンバーデンにはクララ・シューマンと子供達がデュッセルドルフから移り住んでいたことから、近くにいたい気持ちがあったのでしょう。10年近くの滞在中に、「ドイツ・レクイエム」を作曲しています。

(3)アガーテ・シーボルト(1835〜1909年)
医師で博物学者のフィリップ・フランツ・フォン・シーボルトは親戚にあたり、上流階級の令嬢であった。

35歳の時、シューマンの三女ユーリエが伯爵と結婚します。密かにユーリエに愛情を抱いていたヨハネスは、ショックを隠せずシューマン家から足を遠ざけるようになってしまいます。クララは小さい頃から兄妹のように遊んでいたユーリエに、ヨハネスが恋心を抱いていることなど全く知らなかったのです。

ヨハネスは、ドイツを離れウィーン楽友協会音楽監督に就任し、ウィーンでの生活がまた始まります。

ヨハネスはビールが大好きでしたが、ビールを飲みながら聴くような音楽に興味を持ったのか、次の年には「ハンガリー舞曲」を発表します。その曲は、自分の寂しさを紛らわすために作った曲だったのかもしれません。

## 数々の傑作を生み出した熟年期

ウィーンでの孤独な作曲生活も17年目が過ぎ、ヨハネスは46歳になっていました。毎年夏は、スイスとスロヴェニアの国境に近いヴァルター湖のほとりの保養地ペルチャッハで過ごしていました。アルプスの山々に囲まれた美しい湖です。クララ・シューマンに宛てた手紙には「ペルチャッハにはたくさんの旋律が飛び交っていて、それらの旋律を踏みつけないようにしなければならない」と書き送っています。

そこで作曲されたのが「2つのラプソディ」です。古代ギリシアの吟遊詩人、ラプソディスト(4)の歌を指す「ラプソディ」という題名がこの作品に付けられました。これを聴いたヨハネスの友人達からは、「天空を駆け巡る若きヨハネス」と称されたという逸話もあるように、激しく情感を沸き立たせる作品に仕上げられています。

(4)ラプソディスト
紀元前5世紀から紀元前4世紀に存在した、ギリシャの吟遊詩人。ギリシャ語で「サプソード」は「歌をひとつに縫い合わせる」という意味がある。

バーデンバーデンの庭園パラディース。ドイツ有数の温泉地として多くの著名人が保養に訪れている。

オーストリア南部のヴェルター湖畔にある避暑地ペルチャッハ。ブラームスやマーラーも湖を眺めながら作曲にいそしんだ。

50歳になったヨハネスは、フランクフルトに近い温泉地ウィスバーデンで、コントラルト歌手（5）で、27歳のヘルミーネ・シュピースという女性と出逢います。一目惚れしたヨハネスは、結婚を考え彼女と交際しますが、最後まで踏み切る事ができず、失敗に終わります。生涯独身だったヨハネスは、後日、このようなことを言っています。「結婚すればよかったと思うこともある。しかし、適齢期の頃は地位もなく、今では遅すぎる」

１８８８年、55歳のヨハネスは、新年をライプツィヒで迎えました。そこで行われる新年のコンサートにチャイコフスキーが来訪しました。彼はヨハネスの音楽を「私の好みに合わない」と否定的な言葉を残しますが、後々ふたりは夕食を共にし、「ヨハネスは思いやりがあり、彼の正直さと心の広さが好きだ」と語っています。

この年には、ヨハネスにメクレンブルク大公（6）から勲章が贈られます。

同じ頃、クララが腕の痛みを訴え、演奏活動ができなくなってしまい、収入がなくなることから娘たちと暮らすことになります。それを知ったヨハネスは、生活の一部にと大金を送り、シューマン家を助けます。

次の年にはハンブルク市から名誉市民勲章をもらい、オーストリアからはレオポルト勲章を受け、ヨハネスの音楽家としての地位がゆるぎないものとなります。

そして、音楽の新しい時代の到来を感じる年でもありました。エジソンの発明した録音機でヨハネスが自身の曲を演奏し、それが録音されることになったのです。

ウィーンでは毎日のように通う行きつけの店ができました。「ローテン　イーゲル（Roten

（5）コントラルト歌手
アルト（低音）で歌う女性歌手。

（6）メクレンブルク
北東地域。現メクレンブルク・フォアポンメルン州

Igel）赤いはりねずみ」です。演奏会が終わると若い音楽家を連れ、酒を飲んだり食事をしていました。「ここは安くてウィーンで一番おいしい」と太鼓判を押すほど大好きな店でした。

ある時、この店で作曲家アントン・ブルックナー(7)と出会います。仲の悪いふたりでしたが、この店に行くとふたりとも同じ肉団子料理を注文します。お互いにこの料理が好物だとわかると、打ち解けた雰囲気になったと言われています。そんな時ブルックナーはヨハネスにこんなことを言いました。「ブラームス博士、この店の肉団子こそ我々の共通点ですな！」

現在、この場所は「ホテル・アマデウス」となり、「赤いはりねずみ」は影も形もなくなってしまいました。

(7)アントン・ブルックナー（1824〜1896年）オーストリアの作曲家、宗教音楽、交響曲の大家。

## 晩年のハーモニーへの回帰と、クララとの友情

60歳の時、最晩年の作品のひとつ「6つの小品」を作曲します。

初期、中期はオーケストラをそのままピアノに移したような雄大な曲想のソナタ、変奏曲を数々書きました。40代以降はピアノ曲についてひたすら小品を書き上げます。天才ピアニストとして師匠に期待された子供時代、本人はむしろピアノという楽器を通しての和声（ハーモニー）の探求、作曲の方向へ心が向いていました。

ここに来て再び、かつての若かった自分を懐かしむような穏やかな哀愁に満ちた旋律が、その独特な和声の調和によって深く彩られています。

晩年になり、クララとの友情を覆すできごとが起こります。それはシューマンの交響曲第4番の初稿譜の出版をめぐり、理解のずれがありクララは激怒します。そこでヨハネスはクララに対する尊敬の念を手紙に書きます。「あなたとご主人との時間が、私の人生の最も美しい経

験です。その経験にはもっとも豊かで、もっとも気高いもの全てが現されています」

これに対しクララは、次のように返しました。

「ヨハネス、最新のピアノ小曲集に免じて、私達の友情を元に戻しましょう」

ヨハネスが63歳の時に、クララが脳卒中で倒れ、2か月後に亡くなります。ヨハネスはオーストリアのイシュルからすぐに列車を乗り継ぎ、クララのいるフランクフルトに向かいました。しかし到着した時は、クララはすでにボンにあるロベルトの墓の隣に埋葬されていました。シューマン家は自分の人生において全てであり、クララの死はヨハネス自身の人生の終焉を意味するものでありました。その後イシュルに戻りますが、体調不良を訴えるようになり、翌年には容態が急激に悪化し、1897年4月3日、64歳の生涯に幕を閉じました。

庶民的で家庭的な料理を好んだヨハネス。少年時代に過ごした生活環境により、あまり贅沢な料理にはなじみがありませんでした。それでも親しい友人でオーストリアの実業家である、ヴィクトル・フォン・ミラー氏（8）の邸宅にしばしば招かれては豪華な料理をご馳走になっていたようです。その時のメニューをフォン・ミラー夫人が日記に残しています。

「カルブスミルヒのコンソメスープ（仔牛の脳が入ったスープ）、オマールエビのサラダ、牛フィレ肉の野菜和え、ハムのマデイラ酒煮、ヤマウズラのロースト、アイスクリーム、パン菓子、シャンパン」。この中で、彼が満足しなかったものがありました。それはデザートでした。

彼が好きなデザートは、母の作った素朴なケーキやスフレです。それ以外のデザートは受け付けないほど母の味が染みついていたようです。

（8）ヴィクトル・フォン・ミラー（生没年不詳）実業家。妻のオルガともども、ブラームスのよき理解者で、グムンデンの家によく通っていた。

ウィーンのカールスプラッツにあるブラームスの記念碑。
写真：Bwag

ウィーンの中央墓地の楽聖が眠る区域に
あるブラームスの墓。写真：Daderot

# Scholle Finkenwerder Art

## ショーレ フィンケンウェルダー アルト

### マコガレイのムニエル ベーコン風味 ハンブルク風

フィンケンワルドはハンブルク郊外の港町です。そこで水揚げされたマコガレイを使ったことからこの料理名になりました。ブラームスの故郷の味です。ドイツでもこの地域の人々は魚が大好きです。

**材料（1人分）**

| | |
|---|---|
| マコガレイ | 1尾 |
| 塩、こしょう | 適量 |
| 小麦粉 | 適量 |
| ベーコン | 30g |
| バター | 小さじ1＋大さじ1 |
| レモン汁 | 1/4個分 |
| パセリ（みじん切り） | 小さじ1 |

**作り方**

1. カレイはウロコとワタを取り、頭を落としてよく水洗いする。ベーコンは角切りにする。
2. カレイの水気をふき取り、両面に塩、こしょうで下味をつけ、小麦粉を振る。
3. フライパンにバター小さじ1を入れて中火にかけ、ベーコンを炒める。脂が出たらベーコンを一旦取り出す。
4. 同じフライパンで魚を焼く。中火でゆっくりと火を通し、表面はこんがりと焼く。
5. 魚を取り出し、残った油はふき取る。新たにバター大さじ1を入れ、ベーコンを戻して温め、レモン汁を加えてソースを作る。
6. 魚を器に盛り、ソースをかけてパセリを振る。

〈ヒント〉 ベーコン入りのバターソースには塩は不要です。お好みで粒こしょうを挽いてください。魚が大きい場合はオーブンに入れることをお勧めします。

# Rehgeschnetzeltes nach Chefs Art

## レーゲシュネッツェルテス ナフ シェフス アルト

### 鹿肉の細切りソテー シェフ風

チューリッヒは森に囲まれた地域なので、ウサギやキジ、山鳩などの料理がよく食されます。高級避暑地であることから、高級料理店も数多く点在しています。ブラームスもこの地に来ると鹿肉料理を味わっていたことでしょう。

材料（1人分）

| | |
|---|---|
| 鹿もも肉 | 400g |
| 塩、こしょう | 各適量 |
| サラダ油 | 適量 |
| 玉ねぎ | 100g |
| ピーマン | 2個 |
| パプリカ（赤・黄） | 各1/2個 |
| ディルピクルス | 1個 |
| ライプオリーブ | 8個 |
| スタッフドオリーブ | 8個 |
| トマト | 1個 |
| ケチャップ | 100g |
| カイエンヌペッパー | 適量 |

作り方

1. 鹿肉を拍子木切りにし、塩、こしょうで下味をつける。玉ねぎ、ピーマン、パプリカ、ピクルスは細切りにする。オリーブは3等分に切る。トマトは粗く切る。
2. フライパンに油をひき、肉を強火で炒めて、焼き色を付ける。
3. 玉ねぎとピーマン、パプリカを加え炒め、野菜がしんなりしたら弱火にしてピクルス、オリーブを加えて軽く炒める。
4. ケチャップとトマトを加えて温まったら火からおろし、カイエンヌペッパー、塩、こしょうで味を調える。

〈ヒント〉 ベートーヴェンで紹介した「牛肉のサラダ　ライン河風」をアレンジした料理です。鹿肉が手に入ったらお試しください。牛や豚でもおいしくできます。ステーキのように焼いて、野菜入りのソースにしてかけてもおいしくいただけます。

# Salzburgernockerl

## ザルツブルガーノッケル

### ザルツブルク風スフレ

ザルツブルクの郷土菓子ですが、ブラームスの母がよく作ってくれた、ヨハネスが好きなデザートのひとつです。塩で栄えた町ザルツブルクの三つの山を連想させるスフレの形が特徴です。

材料（長さ24cmの容器1個分　2〜3人分）

| | |
|---|---|
| 卵黄 | 2個 |
| 卵白 | 5個 |
| 砂糖 | 30g |
| 小麦粉 | 20g |
| バニラエッセンス | 数滴 |
| バター | 適量 |
| 粉砂糖 | 適量 |

作り方

1. ボウルに卵黄と砂糖半量を入れ、泡立て器でよく混ぜ合わせ、小麦粉をふるいながら少しずつ加えて混ぜる。
2. 別のボウルに卵白と残りの砂糖を入れ、泡立て器で角が立つまで泡立てる。
3. ①に②を加え、ヘラを使って気泡をつぶさないように混ぜ合わせ、バニラエッセンスを加える。
4. 耐熱容器にバターを塗り、③を3つの山を作るように盛り付ける。
5. 180℃に熱したオーブンで10分焼き、淡い焼き色を付ける。仕上げに粉砂糖を振る。

〈ヒント〉 3つの山にしないで平らでももちろん大丈夫です。焼き立てをスプーンですくって召し上がってください。冷めるとスフレがしぼんでしまいます。好みのジャムを添えてもおいしく召し上がれます。

# Kaiserschmarren mit Heidelberrenmarmelade

## カイザーシュマーレン ミット ハイデルベーレンマルメラーデ

### カイザーシュマーレン ブルーベリーのジャム添え

ハプスブルク帝国の皇帝フランツ・ヨゼフ１世の最も好んだデザートとして知られています。

材料（4人分）

| | |
|---|---|
| 卵 | 6個 |
| 砂糖 | 20g |
| 塩 | 2つまみ |
| バター | 大さじ4 |
| 牛乳 | 2カップ |
| 小麦粉 | 180g |
| レーズン | 20g |
| 粉糖 | 適量 |
| ブルーベリーのジャム | 適量 |

作り方

1. 卵を卵黄と卵白を分け、卵白に砂糖を加えて泡立て器で角が立つまでしっかり混ぜる。
2. 別のボウルに卵黄と塩を入れよく混ぜ合わせる。
3. ②に牛乳と小麦粉を加え、さらによく混ぜる。
4. ①を加え、気泡がつぶれないようにヘラで軽く混ぜ合わせる。
5. フライパンにバターを入れて中火にかけ、生地を流し、レーズンを散らす。
6. 生地の底に色がついてきたら、フォークなどで生地を適当な大きさに切って全体を炒め、器に盛って粉糖をかける。ジャムを添える。

〈ヒント〉 失敗したスポンジケーキのようにも見えますが、れっきとしたお菓子で、口にすれば納得です。簡単に作れるので、お子様のおやつにも。ジャムは好みのものをどうぞ。

## マカロンとマリー・アントワネット

今では日本でも一般的に食べられるようになったフランスのお菓子マカロン。このお菓子は1700年代までナンシーの町にあったシトー派の修道院で作られていました。そのレシピは修道院門外不出のもので、当時は地元の名士やブルジョワジーにしか手に入れることができませんでした。マカロンを求めに各地の王侯貴族がナンシーの修道院へやってきました。そのうちのひとりが、ハプスブルク家から14歳でフランス王ルイ16世に嫁いだ皇女マリー・アントワネットでした。

マリーはウィーンの王宮で生まれ、幼い頃からの英才教育により、音楽にも親しみながら育ちました。当時の宮廷楽長であり、作曲家であるクリストフ・ヴィリバルト・グルックの指導を受けていました。

政略結婚でパリに向かった時もグルックは同行し、数年間パリに滞在してマリーのため音楽指導をしていました。マリーは、作曲までするほど音楽をこよなく愛した人でした。現在でもマリーの作った曲がCDで販売されています。

1787年、ブルボン王権に対する反抗に始まった市民革命がパリで起き、連鎖反応のようにフランスの町々に広がります。修道院には町の名士たちの子供達が入っていたことから、修道院は貴族社会の延長と考えられ、市民が反発し襲いました。とうとうナンシーの修道院も閉鎖されることになってしまい、修道士女達は町に出て生活をしなければならなくなります。料理担当の修道士女が、自分たちが修道院で作ったお菓子を町で売ることを考えました。こうしてマカロンも町で売られるようになったのです。新しいお菓子に興味を持った市民達はこぞってそれを買い始めます。「これがあの悪女マリー・アントワネットが食べていたマカロンか」と、ナンシーから発したマカロンが瞬く間にパリでも流行になります。その後年月を経てヨーロッパ中に広まります。

マカロンはマリー・アントワネットによって世界に広まったと言っても過言ではないでしょう。

ただし、当時のマカロンは現在のものとは少し違っていたようです。現在のもののようにカラフルな見た目ではなく、柔らかなアーモンドクッキーのような素朴なものだったようです。発祥の地ナンシーに行くと「マカロン・ド・ナンシー」として、現在も買える店があります。

**MACARON.** — Pâtisserie ronde à base d'amandes pilées, de blancs d'œufs et de sucre, cuits à une chaleur modérée. On la désigne dans certaines contrées sous le nom de *massepain*.
Les amandes sont débarrassées de leur enveloppe puis quelquefois très légèrement torréfiées; puis on les pile avec du sucre et on y ajoute un blanc d'œuf par 125 grammes d'amandes environ. On parfume avec diverses essences. La pâte bien travaillée à la spatule et rendue homogène, on la dresse en disques bombés, à la pochette, puis on la fait cuire environ trois quarts d'heure, au four modérément chauffé.

Macaron de Nancy.

平べったいアーモンドクッキーのような「マカロン・ド・ナンシー」（1904年発行のフランスの食品関連百科事典の図版より）。現在もナンシーの名物として知られている

《マリー・アントワネット》ジャン=フランソワ・ジャニネ、1777年　シカゴ美術館蔵

＊データは 2020 年現在のものです。

# ドイツ

## リューベック

### Niederegger（ニーダーエッガー）

住所：Breite Str. 89 23552 Lübeck
https://www.niederegger.de

季節ごとにさまざまなマジパンが並ぶ。果物を模したマジパンも人気。

バッハゆかりのリューベックにあるマジパンの専門店。ヨハン・ゲオルグ・ニーダーエッガーが 1806 年に開店。リューベックの中心地でもあり買い物客で賑わうブライテ通りに店舗があります。1 階では豊富な種類のマジパンの販売と、奥にはセルフ式のカフェスペースを併設。2 階はケーキをゆっくりと食べられるカフェとになっています。

---

## アイゼナハ

### Landgrafenstube（ランドグラッフェンステューベ）

住所：Auf der Wartburg 2 Eisenach
https://wartburghotel.de/en/culinary/landgrafenstube

バッハゆかりのヴァルトブルク城内のホテルのレストラン。テューリンゲンの森を眺めながらの食事は、よい旅の思い出になること間違いなし。夜はワルトブルクの歴史にちなんだ料理をアラカルトでいただけます。おすすめは、テューリンゲンの豚ロース肉ロースト、チキンの胸肉ゴマ包み焼き、東方ドイツのシュケーレン産ナマズのフライなど。時期により料理の種類も変わります。

---

## ライプツィヒ

### Coffe Baum（カフェ バウム）

住所：Kleine Fleischergasse 4, 04109 Leipzig

コーヒーを伝えたアラビア風の男性とキューピッドが描かれた店先のレリーフ。

写真：Martin Ibert

ドイツのカフェ文化発祥の地ライプツィヒにドイツ最古のカフェであり、コーヒー博物館も併設しています。シューマンを始め、著名な詩人や作曲家、学者たちにも愛されました。シューマンが好んで食べた料理が現在でもメニューに載せてあります。1887 年 10 月から 1 年間ライプツィヒで過ごした森鴎外もこの店にはよく通っていたようです。

ライプツィヒ

## Auerbachs Keller

（アウアーバッハス ケラー）

住所：Grimmaische Straße
Mädler-Passage 2-4 04109 Leipzig

https://www.auerbachs-keller-leipzig.de/jp/home.html

店の看板と1912年に新たに設けられた500人が収容でできる地下のレストラン。© GNTB / Christof Herdt

1525年創業。医師で教授でもあったハインリッヒ・シュトローマー・フォン・アウアーバッハが、自身の家のワインセラーに酒場を設けたことが始まりです。文豪ゲーテを始めマルティン・ルターも通った店。店内には大広間、ゲーテの部屋があり、そこはファウストの舞台となりました。間違いなくバッハやシューマン、メンデルスゾーンも訪れている店です。日本の森鴎外も1885年にこの店を訪れています。

---

ワイマール

## Gasthaus zum Weißen Schwan

（ガストハウス ツム ワイセンシュワン）

住所：Hohenschöpping 1, 16727 Velten

http://gasthaus-zum-weissen-schwan.de

リストゆかりの店。日本語で言えば「白鳥亭」といったところでしょうか。リストはワイマールの10年間でゲーテやシラーとも交友ができ、ゲーテの好きな店であったこのレストランで会食をしたことでしょう。現在でもこの店はゲーテ博物館の傍にて営業をしています。昭和天皇も訪れた店としても有名です。店内の雰囲気は中世を感じさせます。

---

バイロイト

## Restaurant Eule（オイレ）

住所：Kirchgasse 8 95444 Bayreuth

http://www.eule-bayreuth.de

バイロイトにある、ワーグナーがよく通った、ふくろうという名のレストランは、1800年代にオープンしました。料理名はワーグナーのオペラにちなんで付けられています。夏のバイロイト音楽際の時期は音楽関係者で賑わい、いつも満席です。

ボン

## Em Höttche（エム ホッチェ）

住所：Markt 4,53111 Bonn
http://www.em-hoettche.de

ボン市庁舎の横にある、ベートーヴェンが通った店。ボリュームがあるので、軽食を注文するのがおすすめ。「ソーセージとザワークラウト」、「シュトラマー マックス（ライ麦パンに生ハムと目玉焼きのせ）」などがいいでしょう。シオンという地ビール、またはボン郊外のワイン産地アール地域の赤ワインもお勧めです。

毎年9月にミュンヘンで開催されるビールの祭典、オークトーバーフェスト。歴史は古く、1810年にバイエルン王子ルードヴィヒ1世と王女テレーゼの結婚のお祝いが始まりとされています。ミュンヘンのラガーは、モーツァルトが好んだビールです。

ルツェルンの名物料理、この地域の魚エグリーを使ったフィッシュ＆チップス。

ウィーンのホイリゲでは、しばしば音楽の生演奏が行われる。

# オーストリア

## ウィーン

### Wiener Rathauskeller
(ウィンナー・ラートハウスケラー)

住所：Rathauspl. 1, 1010 Wien
https://www.wiener-rathauskeller.at/de

ウィーン市庁舎の地下にある、豪華でクラシックな内装のレストラン。市庁舎は1872～1883年に建てられたネオゴシック様式です。雰囲気もよく、ウィンナー・シュニッツェル(牛や豚のカツレツ)、タッフェルシュピッツ(牛肉のスープ煮)など本格的ウィーン料理を楽しめます。



### MAYER AM PFARRPLATZ
(マイヤー アム プファルプラッツ)

住所：Pfarrpl. 2, 1190 Wien
https://pfarrplatz.at

ベートーヴェンが暮らした家をホイリゲに改装。



ウィーン郊外ハイリゲンシュタット。1817年にベートーヴェンが滞在し、「第9」を作曲したといわれる家が、ホイリゲ(ワインの作り手による居酒屋)になっています。この地域はホイリゲ文化が盛ん。マイヤー家が所有するぶとう畑のぶどうで造られるワインがおいしく、料理も充実しています。

### Griechenbeisl (グリーヒェンバイスル)

住所：Fleischmarkt 11,1010 Wien
https://www.griechenbeisl.at/ja/home_jp/

写真：traveljunction

1500年創業。モーツァルト、ベートーヴェン、シューベルトを始め、多くの著名人の「サインの間」があることで有名ですが、実はレストランで働くスタッフが見様見真似で書いたもののようです。モーツァルトの頃は、ギリシャ人経営のギリシャ料理でした。おいしい異国の料理が味わえると繁盛していたと聞きます。現在は、ウィーン料理の店で、旅行者には気の高い店です。

## Café Sacher

（カフェザッハー）

住所：Philharmoniker Str. 4, 1010 Wien

https://www.sacher.com/de/restaurants/cafe-sacher-wien/

オペラ座のすぐそばにある1876年創業の5つ星ホテルのカフェ。ウィーンの代表的なチョコレートケーキ、ザッハートルテが人気で、常に行列が絶えないカフェですが、夜の時間帯はそんなに混むことはありません。ディナーメニューもおすすめです。

## Café im Kunsthistorischen Museum Wien

（ウィーン美術史美術館のカフェ）

住所：Maria-Theresien-Platz 1, Vienna 1010

「世界で最も美しいカフェ」とも言われるカフェが、ウィーン美術史美術館内にあります。美術館のコレクションはもちろん、ネオゴシック様式建築も一見の価値があります。その重厚で優美な空間で、タイムスリップしたような気分で贅沢にお茶をすることができます。

## Zu den Drei Hacken

（ツ デン ドライハッケン）

住所：Singerstraße 28, 1010 Wien

http://www.zuden3hacken.at/hackengeschichte.html

シューベルトが通っていたウィーン最古のカフェ・レストランです。シュテファン教会から200mほど市立公園方向へ向かったところにあります。1品の料理の量がすごく多いのでお気をつけください。シューベルトの小部屋もあります。

## Café Schwarzenberg

（カフェ シュワルツェンベルク）

住所：Kärntner Ring 17,1010 Wien

https://www.cafe-schwarzenberg.at

1861年創業老舗カフェ、オペラ座や学友協会に近い場所にあります。格式高いウィーンらしさにあふれたインテリアや雰囲気がすてきな店です。カフェでありながら食事メニューも充実しています。

## Hotel Restaurant Höldrichsmühle

（ホテル・レストラン・ヘルドリッヒスミューレ）

住所：Gaadnerstrasse 34, A-2371 Hinterbrühl

https://www.hoeldrichsmuehle.at

シューベルトが「菩提樹」の曲の発想を得た場所。ウィーン郊外のゼーグロッテから、ハイリゲンクロイツ方面へ1kmほどのところにあります。ゼーグロッテはヨーロッパ最大の地底湖として有名。もとは石灰岩の地下採掘所で、その奥の水が溜まって湖となった場所が観光地になっています。

---

アイゼンシュタット

## Henrici（ヘンリッチ）

住所：Esterhazyplatz 5, Eisenstadt

https://www.henrici.at/de/startseite

ハイドンゆかりのアイゼンシュタットのエステルハージ宮殿の向かいにあるレストラン。ランチは日替わりで、オードブル、メイン、デザートで2500円ぐらいと手頃です。ディナーメニューは、牛肉のタルタルステーキ アヴォカドの団子と赤オニオン添え、水牛のモッツザレラチーズとチェリーなど、季節により料理内容が変わります。

---

# フランス

パリ

## Le Procope（ル プロコップ）

住所：13 Rue de l'Ancienne Comédie 75006 Paris

https://www.procope.com

1686年創業。ジョルジュ・サンドとショパンが出会ったというカフェ。パリ6区、サン＝ジェルマン＝デ＝プレ界隈にある、パリで現存する最も古いカフェ・レストランです。店の歴史を感じさせる特別な雰囲気のなか、昔ながらのビストロ料理が味わえます。

# あとがき

音楽家の足跡を十数年かけて訪ねる旅をしてきました。現地で集めてきた資料もたくさんあります。また、今になって「あの写真を撮っておけばよかった」「あそこまで行ったのだからもう少し深く調べておけばよかった」など思い残すことも多々あります。

登場します11名の作曲家たちが、これらの料理と全く同じものを食べていたということではありません。同じ食材でもその時に作った人の感性や周りの諸事情により、味付けも盛り付けも変わってきます。しかし、間違いなくこのような料理を味わっていたと確信しております。

「音楽は好きだけど作曲家の事はよく知らない」

「彼らはどんな食事をしていたのだろう」

音楽面に加え、食文化の面でも、より多くの方々に興味を持っていただけたら嬉しく思います。

ドイツを始めオーストリアやスイスなど著者が取材したい地域の旅を組んでくださった、グローバル・ユース・ビューローの古木謙三社長様、柴崎聡取締役様、ご一緒させていただいた多くの方々に心から感謝をしております。

著者の店で、毎回ひとりの作曲家をテーマにした演奏会を、長期に渡り開催してくださった、日本フィルハーモニーのバイオリニスト太田麻衣様、フリーピアニストの須藤英子様（現ニューヨーク在住）には多くのことを学ばせていただきました。この場を借りて御礼申し上げます。料理写真の撮影のため、ドイツ製の食器「ビレロイ&ボッホ」を用意してくださった株式会社エッセンコーポレーションの名塚秀典様、ありがとうございました。

音楽面での監修をしてくださった飯尾洋一様には著者の至らない部分を補正していただき感謝しております。今回の出版をお受けいただいた誠文堂新光社、中村智樹様には、『ドイツ修道院のハーブ料理』に次いで、大変お世話になりました。

２０１９年12月　野田浩資

# 参考文献


『天才の食卓』話題の達人倶楽部（青春文庫）
『音楽史ほんとうの話』西原稔著（音楽の友社）
『オーストリアの歴史』
リチャード・リケット著　青山孝徳訳（成文社）
『ウィーン　旅の雑学ノート』
山口俊明著（ダイヤモンド社）
『ウィーン謎解き散歩』武田倫子著（中経の文庫）
『不思議なウィーン』河野純一著（平凡社）
『ハプスブルク家の食卓』関田淳子著（新人物文庫）
『ドイツ謎解き散歩』関田淳子著（KADOKAWA）
『ドイツ近代史』南直人著（ミネルヴァ書房）
『ドイツ　世界の食文化』南直人著（農文協）
『ドイツ町から町へ』池内紀著（中公新書）
『世界の食文化ドイツ』石毛直道・南直人著（農文協）
『食から読み解くドイツ近代史』
南直人著（ミネルヴァ書房）
『食べるクラシック』千葉真知子著（幻冬舎）
『ドイツの焼き菓子』
門倉多仁亜著（SBクリエイティブ株式会社）
『ベルリン料理』山下和著（たま出版）
『西洋史こぼれ話』
H.C.ツァンダー著　関楠生訳（現代教養文庫）
『大作曲家たちの履歴書』三枝茂章著（中公文庫）
『世界の食べ物』週刊朝日百科（朝日新聞社）
『料理人たちの饗宴』桜沢琢海著（河出書房新社）
『美食の文化史』
ジャン・F・ルヴェル著　福永淑子・鈴木晶訳（筑摩書房）
『バッハ　神はわが王なり』
ポール・デュ・ブーシェ著　樋口隆一監修（創元社）
『ハイドンの旅』児井正臣著（幻冬舎）
『ハイドンの旅　ヨーロッパ各停列車で行く』
児井正臣著（幻冬舎）
『古典音楽の父　ハイドン』さいとうみのる著（汐文社）
『モーツァルトの食卓』関田敦子著（朝日新聞出版）
『ベートーヴェン』平野昭著（新潮文庫）
『ベートーヴェン』葛西英昭著（新風舎）
『シューベルト』村田千尋著（音楽之友社）
『ショパン大解剖』
堀内昭彦・堀内みさ著（ヤマハミュージックメディア）
『シューマン大解剖』
萩谷由喜子（ヤマハミュージックメディア）
『シューマン』藤本一子著（音楽之友社）
『音楽と音楽家』シューマン著　吉田秀和訳（岩波文庫）
『リスト』福田弥著（音楽之友社）
『ワーグナー』
フィリップ・ゴドロワ著　三宅幸夫監修（創元社）
『ワーグナーのすべて』堀内修著（平凡社版）
『ブラームス』西原稔著（音楽之友社）
『美食の歴史』
アントニー・ローリー著　池上俊二監修（創元社）
『中世ヨーロッパ生活誌』堀越宏一著（NHK出版）
『英雄たちの食卓』遠藤雅司著（宝島社）
『おいしく世界史』庭乃桃著（柏書房）
『ウィーンわが夢の町』
アンネット・カズエ・ストゥルナート著（新潮社）
『ヨーロッパ各停列車で行くハイドンの旅』
児玉正臣著（幻冬舎）
『音楽の楽しみ』
ロラン・マニュエル著　吉田秀和訳（白水社）
『料理の文化史』
ケイティ・スチュワート著　木村尚三郎監訳（学生社）
『ハプスブルク帝国を旅する』
加賀美雅弘著（講談社現代新書）
『オーストリアの風景』浮田典良・加賀美雅弘・
藤塚吉浩・呉羽正昭著（ナカニシヤ出版）
Kulinarische Erlebnisreise　Sigloch edition
Kulinarische Streifzüge　Sigloch edition
Unvergessene Deutsche Küche　Orbis Verlag

野田浩資（のだ ひろし）

1947年東京都品川生まれ。73年、六本木のチェコスロバキア料理店「キャッスルプラハ」に勤務。その後ドイツへ渡り、有名ホテルで修業後、ベルギー、モナコ、スイスと各国を渡り修業。帰国後、レストランを開業した後、赤坂のOAGハウス・ドイツ文化会館に「OAGクラブレストラン・クライゼル」出店を経て、1994年「ツム・アインホルン」を開店。日本で最もドイツ本国の味を感じさせてくれるシェフとして知られている。ドイツの文化や料理を広めるため、企画ツアー、テレビ出演など多方面で活躍中。著書に『野田シェフのドイツ料理』『新・ドイツの森の料理人』（いずれも里文出版）『ワイン街道 美食の旅』（グローバルメディア）『ドイツ修道院のハーブ料理』（誠文堂新光社）など。趣味は、クラシック音楽鑑賞。

スタッフ
監修：飯尾洋一
撮影：菅原史子
ブックデザイン：武田厚志（SOUVENIR DESIGN INC.）
編集協力：岸田麻矢　　編集：菅野和子

協力：ドイツ政府観光局、オーストリア政府観光局
　　　株式会社エッセンコーポレーション（ビレロイ&ボッホ）

バッハ、ベートーヴェン、ブラームス… 11人《にん》のクラシック作曲《さっきょく》家《か》ゆかりのレシピとエピソード

音《おん》楽《がく》家《か》の食《しょく》卓《たく》

2020年 1 月18日　発　行　　　　NDC762
2022年 1 月10日　第 4 刷

著　者　野田浩資《のだひろし》
発行者　小川雄一
発行所　株式会社 誠文堂新光社
　　　　〒113-0033　東京都文京区本郷3-3-11
　　　　電話03-5800-5780
　　　　https://www.seibundo-shinkosha.net/
印刷所　広研印刷 株式会社
製本所　和光堂 株式会社



ISBN978-4-416-61913-1